普惠金融知识系列读本 ⑨

U0660262

BAIXING JINRONG ANQUAN XIAO WEISHI

百姓金融安全小卫士

中国金融教育发展基金会 ◎ 编著

中国金融出版社

责任编辑：王效端　王　君

责任校对：李俊英

责任印制：张也男

图书在版编目（CIP）数据

百姓金融安全小卫士/中国金融教育发展基金会编著. —北京：中国金融出版社，2021.7

ISBN 978-7-5220-1249-0

Ⅰ.①百⋯　Ⅱ.①中⋯　Ⅲ.①金融—诈骗—预防—中国　Ⅳ.①D924.334

中国版本图书馆CIP数据核字（2021）第198388号

百姓金融安全小卫士

BAIXING JINRONG ANQUAN XIAO WEISHI

出版
发行　中国金融出版社

社址　北京市丰台区益泽路2号
市场开发部　（010）66024766，63805472，63439533（传真）
网 上 书 店　www.cfph.cn
　　　　　　　（010）66024766，63372837（传真）
读者服务部　（010）66070833，62568380
邮编　100071
经销　新华书店
印刷　天津市银博印刷集团有限公司
尺寸　185毫米 × 260毫米
印张　8.75
字数　112千
版次　2021年10月第1版
印次　2021年10月第1次印刷
定价　26.25元
ISBN 978-7-5220-1249-0
如出现印装错误本社负责调换　联系电话（010）63263947

"普惠金融知识系列读本"
编委会名单

编委会主任：杨子强

编委会副主任：方　洁

编委会成员：薛　涛　许传华　张炳辉　吕鹰飞　袁　瑞

本书编写组

编写组主编：许传华

编写组副主编：童　藤

编写组成员：陈义国　罗　鹏　王　婧　于寄语

序

致读者：

在过去的很多年里，金融在普通大众眼里多少有些陌生甚至神秘。很多人认为金融与自己的生活相距甚远，学不到也用不着，但事实并非如此。随着中国经济的繁荣发展，金融活动早已渗透到我们生活的方方面面：存款贷款、保险产品、投资理财、日常消费等都离不开金融服务，每个人都是金融的直接或间接消费者。

如今，金融市场日益灵活，金融产品不断推新，我们在参与金融活动时，如何在享受和利用金融发展成果改善生活的同时，获得有效抵御和控制潜在金融风险的技能？对此，国家有责任、有义务向国民普及金融知识，提升国民金融素养，维护国家金融稳定；民众也有权利、有必要获得基本的金融知识和实用技能，通过金融手段维护合法权益、改变自身命运。

近年来，党中央、国务院高度重视国民金融教育工作，大力推动国家普惠金融发展，先后制定了多项政策和文件，并将助推乡村普惠金融发展写入《乡村振兴战略规划（2018—2022年）》。在此背景下，中国人民银行、银保监会、证监会、财政部、农业农村部五部门共同出台《关于金融服务乡村振兴的指导意见》（银发〔2019〕11号），再次把"金惠工程"列为构建农村地区良好金融生态环境，实现农村金融教育全覆盖的重要手段之一，不断为普惠金融的推行开创新局面、创造新机遇。作为发展普惠金融的基础环节，金融教育，尤其是面向青少年的金融普及教育，意义重大，势在必行。而在这一方面，我国虽然已经取得了一定成绩，但仍然还有很长的路要走，还有很多的事要做。基于此，中国金融教育发展基金会积极响应时代号召，全力践行普惠金融理念，在各项金融教育公益项目开展基础上，组织专项力量，由湖北经济学院、浙江金融职业学院、长春金融高等专科学校、湖南大众传媒职业技术学院、西南财经大学、湖南大学、吉林财经大学7家中国人民银行原行属院校组建编写团队，共同编撰了"普惠金融知识系列读本"，重点针对中小学生、农民朋友等金融教育可获得性较低的群体，提供专业、有趣、系统、实用的金融知识普及读物，帮助大家轻松了解金融、正确认识金融、灵活运用金融。

"普惠金融知识系列读本"包括《诚信伴我行》《火眼金睛识假币》《便捷支付　快乐生活》《我是家庭理财师》《金融诈骗我不怕》《保险：家庭守护神》《明明白白借贷款》《走进金融科技》《百姓金融安全小卫士》9个分册。我们希望，通过具体的案例和详细的解析，越来越多的人能掌握一些最贴近生活的金融知识和技能，不致因信用意识淡薄而给日常生活、升学就业、享受各项优惠政策等造成不便；不致因缺乏合理规划、以钱生钱的理念而错过改善物质条件的机会；不致因不会使用基本的金融工具而置身于现代金融社会之外，限制了生产生活的发展；也不致因风险意识不足或不懂得识破假币及各类金融骗局而使辛苦所得付之东流。

为了保证读本质量，并最大限度地迎合读者理解能力和学习需要，使之可读、可用，全书在编写过程中注重突出了三大特点：其一，通俗明了。

读本准确把握读者定位，深入浅出，图文并茂，尽可能用简洁生动的语言解释复杂深奥的专业知识。其二，系统规范。作为金融教育启蒙读物，丛书在保证通俗明了的同时，严格把握严谨、准确的基本原则，循序渐进，形成了相对完整的知识体系。其三，精准实用。丛书编写工作启动之前，我们特地面向全国10个省（自治区）近30个县发放了调查问卷，同时结合实地调研情况，选出了最受学生和农户欢迎的金融知识领域，以期通过有限的教育资源最大化地帮助民众学以致用、创业致富。此外，我们始终秉持与时俱进、推陈出新的理念，并结合时代热点、国家战略部署和实务领域的新进展对编写内容作出新的调整。

"普惠金融知识系列读本"是金融、教育和公益界多位朋友共同努力的成果，现已纳入全国金融标准化工作内容之一，成为发展普惠金融的重要普及材料，这是国民金融教育事业的新探索。未来，我也希望所有关心和支持金融普及教育工作的同仁，与我们一道，为推进普惠金融纵深发展、提升国民基础金融素养、助力乡村振兴、决胜全面建成小康社会、实现民族伟大复兴的中国梦协力奋进！

中国金融教育发展基金会理事长

2019 年 3 月

编者的话

　　维护金融安全的根本目的是要让金融服务好实体经济。对国家而言，金融安全关系着经济、社会发展大局。金融是现代经济的核心、实体经济的血液；同时，随着近年来大量资金跨行业、跨市场、跨国境流动，金融对一国乃至全球经济影响的力度及这种影响传导的速度都进一步提升，世界几次大的经济波动都由金融问题引发。

　　对个人而言，金融安全关系着老百姓的"钱袋子"。随着理财产品走进千家万户，越来越多的老百姓和金融有了"亲密接触"。老百姓关注的更多是理财产品的收益率，对理财产品背后关联的金融市场和金融机构知之甚少。对于老百姓而言，金融安全关系其投资本金和收益能否"安然落袋"。

　　金融安全知识的普及关系到金融体系的稳健运行，是影响金融生态的重要因素。百姓在充分享受金融科技和新兴金融业态带来便利的同时，了解金融安全知识，树立正确投融资理念，保护自身的金融消费权益也是非常必要的。

　　金融安全涉及领域宽广，内容专业性强。为了通俗易懂，本书侧重于基层实践和民生需求，主要围绕银行、证券、保险、民间金融和新型金融五个层面展开。本书内容编写操作性和趣味性强，贴近百姓生活；

通过身边的故事、经典案例和漫画等形式讲解金融安全知识和风险防范技巧。

希望读者朋友通过本书，了解更多金融安全常识，增强金融风险防范意识，提高金融风险防范能力。随着时代的发展和技术的革新，金融安全涉及的内容日新月异，本书难免有所疏漏，请广大读者批评指正。

编者

2021 年 5 月

目 录

第 1 章
走进银行，管好您的钱袋子

张先生的孩子在艺校上学花销很大，家里存款已经不足以支撑，张先生想进行贷款，但是资质又不够，他无意中在一个微信群里看到了广告：向全国招收客户，通过中介公司，让个人轻松贷款60万～120万元。

张先生便与发广告的中介人联系，在提交了一系列材料之后成功贷款8万元，同时交纳了一定金额的资料包装费。为了"方便中介公司做银行流水"，张先生将手机卡和银行卡都交给中介公司保管。但没想到的是没过多久，张先生就收到了多家银行的催款电话，查验征信以后发现自己的欠款高达31万元。

经查证，贷款中介使用张先生的身份信息借了大量贷款，然后卷钱跑路，最后将所有的债务留给了他。

思 考 题❓

➤ 消费者在贷款时应该怎样注意保护好个人隐私？

➤ 遇到了"黑中介"该怎样维权？

一、高额利息需谨慎，存款贷款要清醒

存贷款是银行最主要的资产负债业务。老百姓喜欢将钱存在银行，不仅能获得一定的利息，而且安全性也较高。通过银行贷款可以解决资金的燃眉之急，有些政策性贷款还可以享受较低的贷款利率。那么，我们把钱存在银行有没有保障呢？老百姓在存款时应注意哪些安全事项呢？在贷款方面，又有哪些需要注意的安全常识呢？

（一）筑牢存款安全防线

存款既关系着每个人的"钱袋子"，又是银行放贷资金的重要来源。尽管存款的收益较市面上部分银行理财产品、各类基金低，但好在安全可靠、收益稳定。2015年，为了依法保护存款人的合法权益，及时防范和化解金融风险，我国出台了存款保险制度，为存款人在中华人民共和国境内设立的商业银行、农村合作银行、农村信用合作社等吸收存款的银行业金融机构的存款提供了更加安全的保障。对于存款人自身而言，为了保护存款安全，应该在存款过程中保护好账号、密码信息，了解存款与理财产品及银行代销保险产品的区别，让银行成为储户真正的"保险箱"。

🌼 **小案例：包商银行破产后，储户存款怎么办？**

包商银行于2021年2月7日被裁定破产，截至2020年10月31日，包商银

行净资产为−2055.16亿元，资产总额为
4.47亿元，负债总额为2059.62亿元。

如今包商银行破产，400多万客户的
存款该怎么办？

法院裁定书显示："包商银行的债
权人应在2021年1月4日前向包商银行
管理人申报债权。包商银行的债务人或者财产持有人应当向包商银行管
理人清偿债务或交付财产。"根据我国存款保险制度的规定，存款在50
万元及以下，银行破产时储户可以申请全部赔偿，但是如果超过了50万
元，超出部分只能从银行清算财产中受偿。

此次包商银行实际赔付与规定有所不同，会对包商银行的所有个人
存款和一部分机构债券进行全额赔付，也就是说此次即使个人存款超
过50万元，储户也是可以拿到全部存款的。为保障包商银行的流动性安
全，中国人民银行在接受足额优质抵押品的前提下，向包商银行提供了
235亿元额度的常备借贷便利流动性支持。

小贴士

对于如何保障存款安全，储户也不是完全被动的，比如在存款银
行的选择上，切记不能被高息诱饵、礼品回馈等迷惑，一定要选择信用
好、经营稳健的银行；另外，也可以分散风险，将存款存在不同的银
行。为了更好地保护存款人的利益，提高社会公众对银行体系的信心，
自2015年5月1日起，存款保险制度正式开始实施。当机构发生经营危机
或面临破产倒闭时，存款保险机构将向其提供财务救助或直接向存款人
支付部分或全部存款，从而保护存款人利益，维护银行信用。存款保险
不需要存款人支付保费，而是由金融机构统一按规定支付保费。

🌻 小案例："贴息贷款"靠谱吗?

李某经朋友胡某推荐,专门赶到千里之外的甘肃省,在D县工商银行柜台办理了1000万元的一年定期存款手续,约定年息为3.3%。他把存单拍成照片,通过微信上传给对方。约一个小时后,有人把40多万元贴息款全部打入他的银行卡。

据他说,在此之前,他曾经通过朋友胡某介绍,在不同地方的金融机构参加贴息存款,并顺利拿到本金及利息。最少的一次存入200万元,最多的一次存入600万元,在享受正常银行定期利率的基础上,再分别贴息3.5%和4.4%。两次拿到本息后,他对胡某十分信任,所以这次凑足1000万元,办理了一年的贴息定存。直到D县警方向他通报存款被冻结,他才知道自己被骗。

据李某描述,当初去这家银行办理存款时,他心里曾有过一丝疑虑。但想到对方毕竟是响当当的大牌国有银行,而且之前的交易进行得都很顺利,怎么也想不到会出这种事。

据警方调查之后作出的分析,被骗的过程大致是这样的:

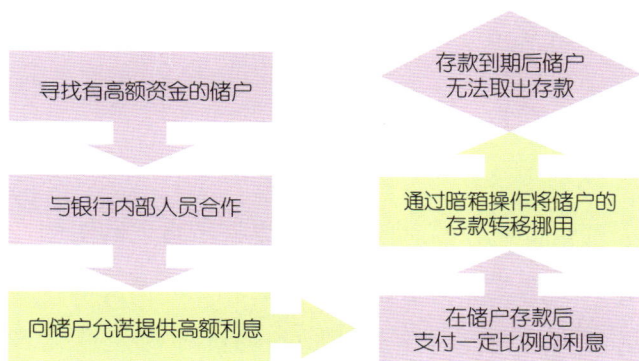

注：图中紫色标注部分是该类案例的关键环节。

小贴士

（1）到银行柜台办理业务，而不是通过熟人或是假冒的银行工作人员（可通过辨识工牌来确认银行工作人员的身份）去办理。在签订合同时，要确认合同中的甲方是该银行的全称。（2）了解银行存款的正常利率，高于正常利率较多（银行间的存款利率差距一般在0.5个百分点以内）的情况要提防，可能不是正常的存款。投资理财要清醒，高利诱惑是陷阱。（3）在单子上签字时要确定本人完全清楚单子的意思，不要对不清楚的内容签字。

小案例：存款变保险，存进去的钱取不出来了

哈尔滨的朱女士去一家邮政储蓄银行办理存款的时候，工作人员给朱女士介绍了一款收益比银行定期存款高很多的产品，朱女士听完有些心动，但是对于能不能随时取出来有所顾虑。随后，工作人员表示可以随时取出来，朱女士就放心地存了1万元。结果不到一个月，朱女士的母亲生病住院需要用钱，朱女士来银行取钱，银行工作人员却告知这个钱暂时取不出来，并且说当时办理的是保险业务，如果执意要取的话，就要损失2000元。这下朱女士可弄不懂了，为什么自己存的1万元活期存款

就变成了保险，而且还取不出来了呢？

小 贴 士

大家在办理银行业务的时候，一定要搞清自己购买的产品到底是什么。当有工作人员推荐"高于银行同期利息"的产品时，要再次核实该产品类型，不要盲目相信银行工作人员。有保单就是保险产品，而不是普通银行储蓄，不可以随意支取，如果中途客户要求退保可能损失收益甚至本金。如果误购保险产品，可在"犹豫期"（一般为收到合同后10天）内去银行或保险公司办理退保。除了要支付10元的工本费外，本金不会受到任何损失。

存款保险制度

扩展阅读

　　存款保险制度是一种金融保障制度，是指由符合条件的各类存款性金融机构集中起来建立一个存款保险机构，各存款机构作为投保人按一定存款比例向其缴纳保险费，建立存款保险准备金；当成员机构发生经营危机或面临破产倒闭时，存款保险机构向其提供财务救助或直接向存款人支付部分或全部存款，从而保护存款人利益，维护银行信用，稳定金融秩序的一种制度。

　　2015年2月17日，国务院颁布《存款保险条例》，正式建立和规范存款保险制度，依法保护存款人的合法权益，及时防范和化解金融风险，维护金融稳定。其中规定，最高偿付限额为人民币50万元（同一存款人在同一家投保机构所有被保险存款账户的存款本金和利息合并计算的资金数额在50万元以内的，实行全额偿付；超出50万元的部分，依法从投保机构清算财产中受偿）；保费由银行缴纳。《存款保险条例》自2015年5月1日起施行。

存款安全注意事项

扩展阅读

1. 除随时运用的资金存活期储蓄存款外，其余资金尽量选择定期储蓄存款。未到期的定期储蓄存款需提前支取时，银行要求出示储户的身份证件；在这种情况下，如果存单被盗，偷盗者也无法冒取。

2. 妥善处理作废凭条。到银行存款时作废的凭条不能乱扔，即使丢掉也一定要撕碎，做妥善处理，防止他人根据作废凭条上的储户信息骗取存款。

3. 科学选择密码。密码一定要选择自己容易记，又不容易被他人所知的。电话号码、生日、身份证号码、房屋门牌号、666、888等容易被他人猜到的号码不能选用。

4. 记住存款金融机构的电话号码或客服热线。这样，一旦存单丢失，也能及时与存款银行取得联系，先进行口头挂失，后办理挂失手续。

5. 建立储蓄存款登记簿。存单拿回来，要及时把存单所存金融机构名称、姓名、存期、存入日、账号等在登记簿登记，即使存单丢失也有据可查；在进行挂失、补办存单时也会用到这些信息。

6. 要设专夹保管存单。存单不可乱塞乱放，要设专夹保管，并放在小孩和他人不易发现的地方，防止存单丢失。

7. 存单和证、印、密分开保管。存单和有效身份证件、印鉴、密码等要分开保管，以防止这些东西一起被盗后存款被他人冒领。

探究与思考

◉ 我们应该怎么保护好自己的银行账户呢？

◉ 存款保险制度中，最高偿付限额为人民币50万元如何理解？

（二）强化贷款安全观念

在银行申请贷款，银行要求的条件相对于民间借贷公司要高出很多，对个人的收入情况、还款能力、信用记录等都有一定要求。以还款能力为例，如果申请人其他负债余额较多，也会影响申请新的贷款。除此之外，如果个人没有抵押物，审核通过的难度也会大一些。即使个人有抵押物，但是抵押物不符合银行的条件，也会加大申请贷款的难度。在这种情况下，有些人急于借钱，却又得不到银行的贷款，被"无抵押贷款，极速放款"的广告蒙骗，选择不正规的贷款机构，容易陷入"套路贷"、学费贷、培训贷、消费贷的"陷阱"，面临"贷款隐性费用高、影响个人征信、泄露个人贷款信息"等风险。在贷款过程中，我们应树立理性消费观念，选择正规贷款机构。作为借款人的"亲朋好友"，更应提高安全防范意识，拒绝"替名贷款"，谨慎担保，保障自己资金安全。

🌼 小案例：拒绝替他人贷款，以免背贷款的"黑锅"

王某由于资金周转困难，请求老家的兄弟徐某某出面替其从银行贷款10万元，并答应给徐某某1万元现金作为酬劳。同时，王某与徐某某私下达成书面协议，内容为：我王某（身份证号×××）要求徐某某（身份证号×××）替我出面从银行贷款10万元，今后这笔贷款产生的所有利息和到期本金均由我本人支付。如若发生贷款逾期，一切结果由我王某承担，与徐某某无关，特此证明。一纸协议在手，徐某某便按照王某的指示，安心地去银行办理贷款手续，声称贷款用途为购买农具，并将到账的10万元划入王某指定的账户。

后来，该笔贷款逾期40余天，徐某某多次联系王某未果，便来到王某经营的小额贷款公司，发现已人去楼空。在银行工作人员的一再催讨下，徐某某道出了实情，表示自己只是出面贷款，实际的贷款使用人是王某，且有字据为证，并拒绝归还贷款本金和利息。无奈之下，银行便将徐某某告上了法院。经法院判决，徐某某作为完全民事行为能力人，与银行签订借款合同，系其真实意思表示，且该合同内容并不违反国家法律法规的强制性规定，故认定徐某某与银行之间的借款合同依法成立，徐某某应按合同约定履行还款义务。

"借名贷款"在农村并不少见。近年来，国家加大对农村地区的金融支持力度，本来旨在帮扶农民的惠农贷款，却成为一些人获取低息贷款的资金渠道。农民防范意识差、对政策不熟悉，加之这其中有个别村干部从旁协助以及放贷员的默许，导致很多农民背上贷款的"黑锅"，既给国家和农民造成资金损失，也损害了惠农贷款政策在群众中的公信力。

小 贴 士

我们应该提高防范意识，不能因为一点眼前利益或者抹不开情面，就草率地将"贷款名义"外借；借名贷款风险极大，如果没有按时还款，导致贷款逾期，借款人需承担信用受损、被催收等后果。

🌼 小案例：借款有风险，担保需谨慎

李某想贷款买房，但是还款能力不够，银行让他找个优质客户来为其提供担保，于是李某找到了同事谢某。谢某和李某关系不错，二话不说答应了。由此，李某和银行签订了贷款合同，在合同中谢某承诺为李某还款承担保证责任，谢某就和银行形成了贷款保证关系。

可是李某房贷批下来后就离职了，开始还正常还了几年房贷，后来就开始逾期。银行联系不上李某，就找到谢某让他还钱。谢某觉得自己太冤枉，钱是李某借的，怎么到最后要自己去当这个冤大头，便也不去还钱，结果被银行告上了法庭，法院判决谢某对李某的房贷负连带责任。

小贴士

　　李某贷款审核后，作为保证担保人，该笔贷款也会体现在谢某征信报告的借贷信息里，李某逾期，谢某的征信报告也会出现不良信用记录。贷款担保人的风险还是比较大的，所以大家在为他人做担保时一定要仔细考虑清楚。

🌻 小案例：选择正规机构，谨防贷款诈骗

　　杨先生在百度上搜索"贷款"关键词，找到了"某小额贷款有限公司"，拨打对方联系电话，随后添加对方QQ咨询关于贷款的问题。对方称让杨先生交纳2000元手续费可以贷款50000元，着急贷款的杨先生立即表示同意并向对方转账，结果发现贷款迟迟未放款，便主动联系"客服"，"客服"称杨先生填写的银行卡号错误，需再交3000元保证金，于是杨先生再次给对方转账3000元。后来对方又称杨先生流水不达标，要再交纳2000元。最后，"客服"给杨先生发了个放款排名的图片，称杨先生排在600多位，如果要加急放款还要再交钱，杨先生有些迟疑，要

求退款，随后对方QQ及电话均联系不上，杨先生才发现被骗了。

小贴士

切勿轻信电话、短信、QQ、微信等形式的贷款广告。需要申请贷款时，到正规贷款机构办理是唯一正确的选择。正规贷款机构都有公开的营业场所，有正规营业执照和公开联系方式等，在进行信用贷款时还需要提供相关资料，如申请人的身份证明、工作证明等。

扩展阅读

贷款安全小知识

申请个人贷款的注意事项：

1. 选择正规金融机构进行贷款。

2. 贷款应量力而行，月还款额不宜超过家庭总收入的50%。

3．根据自身的收入预期选择合适的还款方法，按时还款。

4．提供资料要真实，个人信息改变需及时通知银行，如联系方式、家庭住址等变化。

5．保管好借款合同和借据。

个人贷款使用应该注意哪些问题？

个人贷款的使用应符合借款合同中约定的用途，根据国家现行规定，经营性、消费性贷款资金不得违规进入股市、房地产开发等领域。

> 🌼 **探究与思考** 🔍

> ➤ 上网查一查，"套路贷"有哪些方式？我们应如何防范"套路贷"？
> ➤ 帮他人申请贷款的方式可取吗？

二、安全用卡不转借，支付密码勿外泄

银行卡作为重要的支付工具之一，为公众的消费需求提供了便捷的支付体验。在银行卡的使用过程中，有人遇到了ATM吞卡吞钞以及银行卡被盗刷等安全问题，经济遭受了一定的损失。为了保护储户的用卡安全，预防和打击银行卡犯罪，维护持卡人利益和社会公众对银行卡支付的信心，国家陆续出台了一系列措施以加强银行卡安全管理，包括设置三类账户（Ⅰ、Ⅱ、Ⅲ类账户）等。近年来，利用他人银行卡进行洗钱犯罪的现象较为多发。洗钱，是指通过各种方式掩饰、隐瞒毒品犯罪、黑社会性质的组织犯罪、贪污贿赂犯罪、破坏金融管理秩序犯罪等犯罪所得

及其收益的来源和性质的活动。反洗钱是指公安和金融监管机构采取多种措施预防和打击洗钱犯罪。那么，在持有使用银行卡的过程中，持卡人应注意哪些安全常识，以避免遭受损失呢？

（一）用卡安全放第一

近年来，作为个人信用标志的银行卡和身份证被当作商品在网上倒卖的现象屡见不鲜。不法分子除了诱骗受害者办卡、转借卡外，还会诱骗受害者卖掉手中的银行卡赚取一些报酬。一旦个人信息泄露，被不法分子拿去办理银行卡，可能会使持卡人牵涉到洗钱等违法活动中，后果十分严重。

🌼 小案例：随意办卡带来的安全隐患

最近小汤到工商银行注销多余的银行卡，被告知有一张银行卡内还有将近80000元的存款。工作人员告诉他，这是在北京某银行营业网点开的卡，目前处于管控状态。小汤说他只在2014年暑假去过北京，在火车站有办卡送行李箱的活动，活动方式是办卡后先用这张银行卡付款，然后办理人员再将钱以现金方式退给办卡人，小汤觉得划算就参加了，但没再用过这张卡，询问了亲戚朋友也没有给他存过这笔钱。

小汤拨通了开户行的电话，工作人员表示银行监控到账号出现问题所以进行了锁定。令小汤惊讶的是这张银行卡日交易流水额达几十万元，怀疑被人用来进行违法交易。小汤赶快报了警，也希望银行在查清后能帮助他注销这个账户。警方对小汤说："好在发现及时，不然你也会被认定是协助犯罪了，以后要谨慎点，用不到的卡不要办理那么多。"小汤连连点头，也算长了一次教训。

小 贴 士

为了提高个人银行账户安全服务，中国人民银行2015年12月推出"三类账户"管理机制，以往通过银行柜面开立的账户被划为I类账户。三类账户功能区分：I类账户可以存款、购买理财产品、转账、消费和缴费支付、支取现金等；II类账户可以存款、购买理财产品、限定金额地消费和缴费支付等，与I类账户的区别在于不能支取现金且限额消费；III类账户只能限定金额地消费和缴费支付，余额不得超过1000元，剩余资金原路返回同名I类账户。申请人可通过柜面、远程视频柜员机和智能柜员机等自助机具、网上银行和手机银行等渠道开立三类银行账户。通过三类账户的设置，减少闲置账户，可以有效防范账户被冒用的风险，II类、III类账户则通过转账限额，切实保护了用卡人账户的资金安全。

🌸 小案例：卖卡赚快钱惹风险

小陈因为花光了存款，开始在网上寻找短期兼职、来钱快的路子，看到张某发了一条短文《躺着赚钱的快乐》和一笔日收入4000元的图片动态，便连忙给张某发信息。张某说，只要把自己名下的银行卡卖给他人，就可以轻轻松松地赚到钱。正愁没钱花的小陈听后，觉得这个赚钱的方法轻松简单，虽然他也意识到自己的银行卡可能会被用作非法用途，但仍将自己名下的两张银行卡及银行卡绑定的手机卡、U盾以4000元的价格出售给张某。

不久，公安机关在调查某一网络诈骗案件时查到了小陈的银行卡，账户共计汇入人民币20万元。这时，小陈意识到自己的银行卡已经被犯罪分子所利用。因为一时贪恋躺着赚钱的快活，小陈被某市人民法院以帮助信息网络犯罪活动罪判处有期徒刑7个月，并处罚金人民币5万元。

（资料来源：澎湃新闻网。）

小贴士

确保银行卡使用安全，一是不出租、出借、出售个人银行卡、身份证和网银U盾等账户存取工具，以免造成经济损失，并承担法律责任；废弃不用的银行卡，应及时办理销户业务。二是注意防范洗钱风险；居民个人如果不注意保护自己的身份和账户信息安全，很容易被犯罪分子利用进行洗钱犯罪，从而导致严重后果。

🌻 小案例：自己的账户不外借

2020年12月底，陈某在路边看到自由兼职，工资最低200元，按日结算的广告单，就想试着添加微信好友询问一下详情。添加好友后，对方向陈某介绍兼职业务，告诉陈某只需要提供本人使用的银行卡号，对方将钱转入卡里，陈某再把转入自己银行卡的资金转到对方指定的不同银行账户，就可以获取资金1%的提成。陈某觉得只是转进又转出，自己也没什么可损失的，就按照对方讲的方法操作起来。

陈某的银行卡日流水比较活跃，引起了反洗钱机构的注意。2021年2月，陈某的银行卡被冻结，冻结当日，其银行卡流水高达180余万元。追查下来，陈某的单日流水曾最高达到了90余万元，他已经获利9000余元。

警方询问陈某时，他说："只想到要转钱，只要不贪占入账的，拿自己该拿的部分，应该没什么问题，没有想那么多。""你的行为已经涉嫌洗钱犯罪。"当被民警告知涉嫌洗钱犯罪后，陈某为自己的短视和无知后悔不已。目前，陈某已被依法刑事拘留，案件正在办理中。

小贴士

近年来，不法分子利用多种手段实施洗钱犯罪的行为有上升趋势。一方面，公民有义务配合中国人民银行或公安机关的反洗钱调查，也有权向中国人民银行或公安机关举报洗钱活动；另一方面，公民也应提高反洗钱犯罪意识，不被不法分子利用。具体应做到以下几点：（1）不要出租出借自己的身份证件；（2）不要出租出借自己的账户；（3）不要用自己的账户替他人提现。

扩展阅读

什么是"断卡行动"

何为"断"？何为"卡"？断，就是斩断境外诈骗集团的信息流和资金流；卡，除了手机卡、银行卡，还包括虚拟运营商的电话卡、物联网卡，以及对公账户，微信、支付宝等第三方支付账户。

国家之所以开展断卡行动，是因为网络犯罪分子在实施犯罪过程中，需要使用大量银行卡和电话卡，但是为了逃避打击，他们几乎不会用自己的身份信息去办卡，而是通过窃取、收买他人的电话卡、银行卡信息来实施违法犯罪，而大量"实名不实人"的电话卡、银行卡，则是当前电信网络诈骗持续高发的一大根源。斩断电话卡、银行卡的买卖链条，就等于给诈骗分子"断奶"，从源头遏制电信网络诈骗犯罪。

凡是电话卡、银行卡买卖链条上的人员，均属此次"断卡"行动打击严惩的对象。首先是开卡团伙，涉及在各地运营商企业营业厅开办电话卡、银行卡的人员；其次是带队团伙，即在各类QQ群、微信群等发布收购手机卡、银行卡信息，与开卡团伙交易，支付费用后收取手机卡、银行卡，交给收卡团伙的人员；再次是收卡团伙，其发布信息招募（同城）带队团伙，接收各带队团伙的手机卡及银行卡后，送交贩卡团伙的人员；最后就是贩卡团伙，他们是通过发布信息寻找收卡团伙，接收全国各地收卡团伙的手机卡、银行卡，并层层贩卖赚取差价的人员。

吞卡吞钞处理方法

扩展阅读

使用自动取款机（ATM）时，如果发生吞卡，有以下几种处理方法。

第一，站在取款机前原地等待一会，用不了多久，取款机的屏幕上会显示要你重新输入银行卡密码的提示，这时我们只需输入正确的银行卡密码就能取回我们的银行卡，前提是要输对密码，不然银行卡是取不出来的。

第二，找工作人员进行帮忙。在密码输入错误无法取出银行卡的前提下，拨打银行客户服务电话或者摁取款机旁的紧急按钮获取银行工作人员的帮助。注意在这种情况下要提供相关证明。

第三，如果是白天银行卡被吞，我们可以立即拿上我们的身份证去银行大厅找工作人员，说明自己银行卡被吞的情况，让工作人员帮你取出银行卡，不过工作人员要核对你的身份证信息和银行卡

呜呜呜~
银行卡被吞了~~~

是否一致。如果是晚上银行卡被吞，可以拨打取款机上的客服电话，把自己的身份证号报给客服，申请冻结银行卡，等到了第二天，我们再带上自己的身份证来银行柜台取回银行卡。

如果发生吞钞，有以下几种处理方法。

如果在银行营业时间，你可以马上和银行内的工作人员联系，把自己的姓名、身份证信息、银行卡号和大概多少金额告诉他们。银行一般会在24小时之内会把吞的钱转回你的银行卡里。

如果没有在银行的营业时间，请立即拨打该银行的客服电话，告知客服吞钞的情况，客服人员也会给你处理意见。

如果你被吞钞票数额和银行工作人员查询数额对不上，比如你觉得吞了1万元，但是银行工作人员跟你说吞了9500元，有500元的差异。这时候你一定要和工作人员说明情况。你可以要求工作人员提供监控录像，或者提供自动取款机的交易记录，核对一下到底是谁弄错了。

小贴士

当吞卡、吞钞发生时，我们一定要注意：（1）不要拨打ATM周围粘贴的可疑客服电话，可以在网上搜索一下银行官方客服电话。（2）存款时，柜员机都能打出凭条，应打印、保管好，作为证据。（3）在银行工作人员到来前，不要离开银行监控范围之内，让监控为您做证。

探究与思考

▶ 我不贪图便宜，不违法，"断卡"行动还与我有关吗？
▶ 在断卡行动中，我们市民可以做些什么呢？

（二）密码安全需谨记

面对不断翻新的银行卡犯罪，除了不随意办卡、不转借卡、不买卖卡、不出现信用逾期外，我们还需要关注银行卡的密码安全。密码作为银行卡的防护线，不可随意泄露。银行工作人员无权询问持卡人密码，即使是公安司法人员也不会要求持卡人提供密码。

所以我们要切记日常生活中银行卡密码是持卡人身份识别的最终依据，应当确保只有本人知悉，老人可请子女帮忙记住密码，提高安全防范意识。

🌼 小案例：口头报出密码不可取

南昌市持卡人苏某在工作闲暇之余，有购买彩票的习惯。某天，他接到一个通知中奖15万元的短信，马上与短信提供的电话联系。对方称需要苏某先提供银行卡号、身份证号码来确定是否是苏某本人，接着又以将中奖金额汇入银行账户内为理由，要求苏某报出银行卡密码，苏某心想银行卡在自己手中，应该没有问题，便一一说出。当天下午，苏某到银行转账，发现卡内5000元余额已被人取走，他这才意识到是一场骗局，自己上了当，随即报警。经警方调查，犯罪分子获得苏某卡号及密码后，通过网上转账方式将其卡上资金盗走。

小 贴 士

　　银行卡用卡注意事项：（1）妥善保管好自己的身份证件、银行卡、网银U盾、手机，不借给他人使用，一旦丢失要立即挂失。（2）开通银行账户变动短信提醒，关注账户变动情况，定期检查账户资金交易明细和余额。（3）切记不要告知他人自己的银行卡密码。

🌼 小案例：ATM取钱密码记得用手挡

　　老陈是陕西人，在外打工已经有两年多了，平时除了生活开销外，都把钱存了起来。临近过年，老陈想早点回老家，在火车站取完票后，看到取票处对面有几台自动取款

机也排着队，便想着也再取一点钱备着过年，说着就去自动取款机处排队了。老陈还是第一次在车站ATM取钱，快排到他的时候，前边一位年轻人说自己不急可以让他先取，老陈很是感谢，取了2000元后就去检票进站了。

回到家老陈发现银行卡不在了，连忙去银行询问才知道卡内的1万多元只剩200多元了，便在银行人员指导下报了警。根据银行交易记录，老陈的两笔取款就相差两分钟。经警方调查发现，老陈在火车站取钱时毫无防备，那位排队给他让位的年轻人在他身后看到了他的取款密码，并在老陈装钱时趁他不备，拿走了他的银行卡。

小 贴 士

如何保管好银行卡密码，一是"设置密码，易记难破"，切不可将密码设置成简单的数字排列或生日、电话号码等。二是"保管密码，默记在心"，不要将密码写在纸上与银行卡放一起，更不要将密码写在银行卡背面。三是"使用密码，多加注意"，在ATM取钱时注意观察机器是否有改装，输入密码时注意遮挡。四是不轻信四周粘贴的电话标识，不在不明设备上使用银行卡。

扩展阅读

卡被盗刷怎么办

近年来，银行卡被盗刷的事件时有发生，当银行卡被盗刷时，我们一定要冷静处理，具体步骤如下。

1.冻结银行卡。发现异常后第一时间给发卡行客服打电话，告知银行你的银行卡被盗刷了，要求银行止付并申请冻结或挂失银行卡。此步骤的作用在于避免损失进一步扩大，必要时可记下客服人员的工牌号码。冻结银行卡的另一个办法我们也应该了解，就是当银行卡取款密码连续三次输入错误就可以锁定账户，但在24小时后会自动解锁。

2. 去银行柜台打印凭条。冻结或挂失以后持卡到本地柜台查询或存取，目的在于固定电子证据证明卡在本人这，发生盗刷时本人和卡都在本地。向银行咨询卡被盗刷的方式、地点、交易号及另一方账户的信息。如果是跨行交易，可以向中国银联调取交易凭证并且打印银行流水。

3. 及时报警。拿着银行打印的交易凭证及时报警，详述被盗刷情况，证明银行卡仍由自己妥善保存，盗刷非本人所为，让警察及时掌握你的资料，以最快时间追回或降低你的损失，并且保存报警回执单。

探究与思考

> 需要告知银行账号和密码的"便利"措施可信吗？
> 在ATM取钱时，为保护财产安全我们有哪些方面需要注意呢？

三、信息泄露勿大意，网银安全要牢记

随着我国互联网金融的发展，银行陆续推出网上银行（以下简称网

银）、手机银行等模式，给大众生活带来极大便利。与此同时，网银也带来一些安全隐患，如个人银行流水、银行账户信息泄露等问题导致的"电信诈骗""金融诈骗"等。因此，为了自己的资金安全，在使用网银及手机银行时一定要保护好自己的金融信息，牢记网银及手机银行使用安全知识。

（一）确保网银使用安全

网银，是各银行在互联网中设立的虚拟柜台，银行利用网络技术，通过互联网向客户提供开户、销户、查询、对账、行内转账、跨行转账、信贷、网上证券、投资理财等传统服务项目，使客户足不出户就能够安全、便捷地管理活期和定期存款、支票、信用卡及个人投资等业务。在享受网银、超级网银便捷高效带来的便利的同时，我们应警惕不明链接，注意支付安全，对异常动态提高警惕，关注网银安全，做好防范措施。

🌼 小案例：警惕"网银授权支付"，切勿轻信他人

徐先生在某款网络游戏中，看到有人在聊天频道喊话，低价出售游戏币。于是徐先生通过对方留下的QQ号与对方取得了联系。对方邀请徐先生到知名的网游交易平台"5173"上进行交易，并提供了"5173"的商品链接。

徐先生使用农业银行网银支付购买后，页面提示交易不成功。徐先生向对方询问，对方就给徐先生提供了一个"5173"客服QQ号码，请徐先生与客服联系，协商解决。

徐先生与客服交流后，客服要求徐先生提供姓名和身份证号码等信息进行核对。徐先生如实提供后，客服向徐先生提供了一个退款链接。但徐先生打开后，进入的却是一个授权支付的界面（见图1）。

重要提示：
您必须安装中国农业银行颁发的证书安全控件才能完成支付，请点击**此处**下载并安装证书安全控件。

安装完成后点击**此处**刷新页面进行支付。

证书选择：[▼] 检测证书

[下一步]

帮助信息：

· 委托扣款签/解约业务，支持网银K宝证书及K码认证。

· 如使用K宝证书，请将K宝插入USB接口后选择证书。

图1

　　徐先生对这个页面表示不解，客服随即提出远程协助徐先生完成退款操作。随后，徐先生同意对方通过QQ对自己的电脑进行远程操作，完成授权后，徐先生感到对方的操作很可疑，随即终止了对方的远程操作（见图2）。

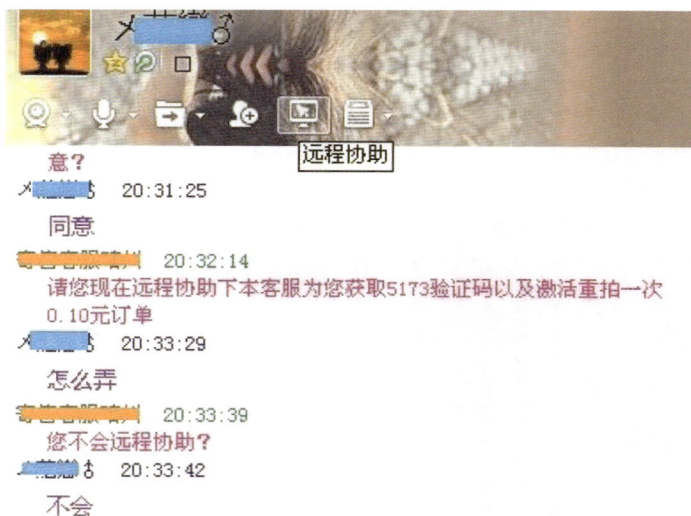

图2

事后徐先生查看自己的农业银行账户时，发现其中已经少了5900元。其中，先前支付的900元实际上是购买了电话充值卡，但充值卡去向不明；其余的5000元也不知去向（见图3）。

订单编号	交易金额
2013●●●●●11	5000.00
301●●●●39	900.00
N2013●●●●●105	270.00
N2013●●●●20	630.00
N201●●●●19	350.00
N201●●●●0051	340.00

图3

与传统的钓鱼欺诈案例不同，这起案例中，骗子虽然也是通过QQ发送钓鱼链接欺骗受害者，但受害者的主要损失并不在于在虚假的购物网站上购物，而是因为他们在"交易失败"后向店家进行申诉时，被骗子客服诱骗进入一个名为"授权××银行账户支付协议签约"的页面，并被告知这是内部号码或内部规则，可以放心操作。

当受害者按照骗子客服的指示完成操作后，实际上就已经授权骗子使用另外一个网银账户对自己的网银进行转账或支付操作。在完成授权后的几分钟内，受害者网银账户中的资金就会被大量转出。

小贴士

建议警惕陌生人发来的此类链接。一旦网络交易出现异常，首先应通过官方渠道联系客服，而不要轻信所谓客服个人的聊天号码。不要相信卡单、掉单、解冻资金等说法。绝对不能将自己的账户授权给陌生人操作。对自己的网银账户设置单日最高转账限额。一旦发生经济损失，要及时报案。

🌼 小案例：选择正规下载途径，保护账户存款安全

王某收到一则短信，以10开头，内容为某银行网银升级，提醒用户升级手机银行App，并提供下载链接http://*****。王某没有丝毫怀疑，点击短信中的链接下载安装。安装到手机上后，该App操作界面和之前使用的手机银行一模一样，王某按提示登录账户，填写手机号、银行卡、身份证号等信息，没有放在心上。不久之后，王某在银行网点查询卡内余额发现卡内钱财已被洗劫一空，才意识到自己被骗了。

不法分子将手机木马伪装成常见银行的手机客户端，放在不安全的软件市场、论坛，引诱用户下载；或是通过伪基站发送短信，引诱用户点击短信中的链接，下载安装。

该木马和正版手机银行客户端完全一样，诱导用户填写个人信息，并以短信形式发送到指定的手机号，不法分子获取信息后，此木马将隐藏图标，在后台偷偷拦截并转发短信验证码，这样不法分子就可以利用"找回密码"修改中招手机用户银行交易密码，将用户银行卡内的钱财洗劫一空。

小 贴 士

用户下载银行官方App时，可以通过银行官网来获取下载渠道，或通过应用宝等正规的电子市场下载，切忌下载安装来源不明的手机银行软件。同时，用户还可以从正规渠道安装安全软件，有效识别病毒软件。

网上银行安全注意事项

1. 使用经国家权威机构认证的网银证书，建议同时开通USB Key和短信口令功能，开通短信口令时，务必确认接收短信的手机号码为本人手机号码。

2. 不要对任何陌生人提供用户名、密码及动态口令。任何国家机关部门、银行都无权向公众索要账号和密码。

3. 不要轻信手机接收到的中奖、贷款等短信，电话和非银行官方网站上的任何信息。

4. 不要轻信假公安、假警官、假法官、假检察官等以"账户安全"名义要求转账。

5. 避免在图书馆、网吧等公共场所或他人计算机上登录和使用网上银行，退出网上银行或暂时离开电脑时，一定要将 USB Key 拔出。

6.操作网银时建议不要浏览别的网站，有些网站的恶意代码可能会获取您电脑上的信息。

7.认准银行官方网站和客服电话。不要轻信来自非官方客服电话的信息，认清官方网站网址，不要通过他人给的链接登录银行网站，如记不清官网网址，可在收藏夹中将官网网址收藏。

8.养成良好的操作习惯。如在操作结束后先选择"退出"网银系统，再关闭浏览器；密码设置要科学（数字、英文字母大小写、特殊符号组合），避免使用生日、姓名等容易被猜测的内容作为密码。

9.建议开通银行账户余额变动短信通知、网银登录短信提醒等服务，时时掌握账户情况，提高交易安全性。

10.保管好账号、密码和USB Key（或称Ukey、网盾、U盾等）及K宝、E令等安全产品，切勿交给他人保管，不要向他人透露账号、USB Key、身份证号码及密码等信息。如果不小心泄露了USB Key密码，应尽快办理挂失或更换密码业务。

11.确保计算机系统安全，从银行官方网站下载安装网上银行、手机银行安全控件和客户端软件。设置Windows 登录密码，Windows XP 以上系统请打开系统自带的防火墙，关闭远程登录功能。

12.定期下载并安装最新的操作系统和浏览器安全补丁，安装防病毒软件和防火墙软件，并及时升级更新，确保计算机安全可靠。

13.建议对不同的电子支付方式分别设置合理的交易限额，每次交易都请确认地址栏里的网址是否正确，仔细核对交易内容，确认无误后再进行操作。在交易未完成时不要中途离开交易终端，交易完成后应点击退出。

14.定期检查核对网上银行交易记录。可以通过定制银行短信提醒服务和对账邮件，及时获得银行登录、余额变动、账户设置变更等信息提醒。

15. 建议客户选择安全等级高（安全等级根据★的数量由高到低）的工具组合。

USB Key+短信口令 ★★★★★ 网银证书+短信口令 ★★★★

USB Key ★★★ 网银证书 ★★ 短信口令 ★★ 普通登录 ★

探究与思考

- 国家机关有权向公众索要账号和密码吗？
- 当发现不属于本人操作的交易记录时，我们应该怎么办？

（二）守护手机银行安全

电子支付越来越普遍，手机银行App已经成为转账标配，转账支付在追求极致"速度"的同时，要保证"又快又安全"，掌握一定的手机银行安全知识，必不可少。

🌻 **小案例：一部手机绑定所有银行卡，手机丢了怎么办？**

近日，天津银行成都武侯支行一位理财客户匆匆忙忙赶到网点，告知柜员他的手机在公交车上被人偷了，他的卡上还有几千元钱，而且还有一笔理财产品即将到期。

客户十分着急，因其手机未设置解锁密码，要求柜员将卡上的余额全部取出。银行柜员迅速反应，立即将客户卡上的余额全部取出，

并建议客户先将银行卡进行口头挂失，确保客户卡上资金不从任何渠道被盗。

经与客户沟通了解，从客户将手机卡挂失换卡后收到的短信可以看出，犯罪分子在偷窃手机后曾试图登录客户的另一家网上银行客户端盗取资金。客户称自己的手机上保存了自己的身份证照片。部分银行的网上银行等自助渠道可通过身份证号和手机验证码重置登录密码，进而更改支付密码，所以客户丢了手机，手机上又保存了身份证信息，就将自己置于风险之下。

基于这种情况，银行建议客户进行关联手机号和银行卡的挂失，这样犯罪分子便无法再操作客户的账户资金。

小 贴 士

不要把银行卡、身份证及手机放在一起；手机相册里不要翻拍身份证和银行卡的照片；保持设置手机开机密码的习惯；手机丢失，第一时间打电话给银行和第三方支付供应商冻结相关账户。

小案例：手机银行转错账，银行是否应当返还？

朱某在A银行开立信用卡，双方存在信用卡借贷关系，后因朱某逾期未偿还该信用卡债务，信用卡被A银行冻结。2019年4月，齐某通过手机银行向自己的A银行信用卡转账3万元时操作失误，不慎将该笔款项转入朱某在A银行开立的上述信用卡账户中，齐某发现转错后立即与A银行联系，同时向110报警，并多次与A银行进行协商。后朱某向齐某签署承诺还款证明，并将其在A银行的信用卡及密码交给齐某；A银行同意退款但要求朱某到场签字，朱某拒绝到场。经查，齐某与朱某不存在债权债务关系。后因A银行迟迟未将误转款项返还，齐某向法院提起诉讼，诉请判令朱某、A银行返还不当得利3万元。

法院经审理后认为A银行应当将其扣划的3万元返还给齐某，朱某予以协助。

小贴士

网银转账简便易操作，但也容易发生"失误"，大家在操作时，一定要仔细核对对方的详细信息，同时在发生失误时应当及时保存相关的证据，以便通过法律手段维护自己的合法权益。被转账方应当及时返还相关款项，切勿因不当得利而触犯法律。

扩展阅读

如何保护自己的金融信息安全？

1. 保持警惕。当被询问个人金融信息如银行账号、卡号、密码或被要求向他人账户转账时，应提高警惕，不轻信他人资产保全、绑架、勒索等要求，而向他人账户转账。必要时可拨打110向警方求助。

2. 金融业务尽量亲自办理，不要经过第三人之手尤其是中介代办，否则很容易泄露信息。

3. 个人证件限定用途。提供个人身份证件复印件办理各类业务时，应在复印件上注明使用用途，如"仅供申报××信用卡用"，防止身份证复印件被移作他用。

4. 重要凭证不要随意丢弃。如刷卡签购单、取款凭条、信用卡对账单、写错作废的金融业务单据等，如果不想留着可以撕碎销毁，以防不法分子捡拾后查看、抄录、破译个人金融信息。

5. 不要把自己身份证件、银行卡等转借他人使用。

6. 不要因为赠送礼品就注册账户并提供个人身份信息、个人账户信息。

7. 在电脑和手机上，不要随意点击他人发来的不明链接或网上搜索到的非正规网站链接。

8. 不要随便扫描二维码。

9. 在使用二维码支付时，不要提前展示二维码，以免被不法分子扫码扣款。

探究与思考

- 当发生转错账户的情况，我们应该怎么办？
- 绑定所有银行卡的手机丢失后，我们应该怎么办？

第 2 章

投资理财，事先做足功课

老张平时在工地打工。某天，他听到同工地的小林和小王谈论最近在正热的股票市场赚了多少多少钱，颇为心动。随后几天，老张观察股市确实持续着此前的上涨行情。老张觉得事不宜迟，便决定拿出自己多年积攒的6万元钱投入了股票市场。咨询小林后得知，其重仓持有的A股票具有很好的公司业绩前景，而且股价不断创新高，老张便一股脑儿将所有的钱都购买了A股票。然而，市场行情变幻莫测，老王入市后不久股市大幅下挫，老张所购买的A股票股价也急剧下跌，一周不到的时间跌幅到达20%，感觉市场行情难以有起色，老张含泪把所购股票全盘抛出，总共亏损了近12000元。

思 考 题❓

- ◉ 股票投资前需要做哪些功课？
- ◉ 股票之外还有哪些可供选择的投资理财产品？

一、股市有风险，投资需谨慎

近年来，随着我国股票市场的发展和市场制度的不断完善，越来越多的人加入到股市投资的行列。像一般商品一样，股票有价格，可以进行交易买卖。不过，作为一种金融投资产品，股票价格的涨跌具有较大波动性。投资者在进行股票交易时可能获得潜在的高回报，同时也会面临着较大的亏损风险，"风险和收益并存"是股票市场投资的客观写照，投资者进入股市前一定要将这一点牢记在心。

（一）股市投资者应备的基本素养

在风险与收益并存的股票市场，投资者需要保持理性、谨慎，在投资前做足功课。对于一个合格的投资者来说，至少应具备以下四项关键素养：第一是要会对大盘趋势进行基本的判断和分析。当股市大盘上涨时，个股有更大的概率处于上升通道；而在股市动荡或者下跌阶段，个股的走势同样不明朗，并且具有很大的下跌风险。第二是要会挑选个股。股票市场的个股非常多，不同股票对应的上市公司的市场业绩、行业前景等有较大差异，投资者在申购股票时需要对相应上市公司的背景、业务有所了解，选择那些业绩、前景表现突出，基本面①佳的股票进行投资，切勿在不了解所购股票的情况下盲目跟风。如果能够掌握一些技术分析理论，在个股选择上也能起到锦上添花的作用。第三是要学会分散投资。个股投资的风险在所难免，相应的收益存在较大的波动。为了降低股票价格的波动风险，尽量不要"将鸡蛋放到同一个篮子里"，即将股市投资的钱分散购买多只股票。第四是要保持理性投资的心态。股价的短期波动和走势难以预测，投资者务必在自身资金和风险承受范围内进行股票投资，一般建议投资进入股市的钱占家庭总流动资产的比例要低于50%；此外，对于已持有在仓的股票，在盈利和亏损时应根据自己的盈利预期和风险承受力设置卖出点位。当盈利达到一定程度后及时撤出大部分本金，当个股运行到盘整区域低点或者达到自身风险承受的临界点时则要及时止损，避免过度追涨杀跌的情绪化行为。

🌻 小案例：股票投资要理性，避免追涨杀跌

曾听说有人炒股赚回了大学四年的学费，小明毕业刚工作便对股票市场摩拳擦掌。加上最近看上了一双新款球鞋，小明心想，如果买股票赚了，不用等到月底发工资就能够买到那双球鞋，自己的生活也能宽裕许多！经过多日观察，小王注意到一只股票已连续涨了三天！股价的接连上涨让小王觉得是入手的机会，便从自己的生活费中拿出了一大半购买该只股票。买入初期，股价仍不断保持之前的快速上涨趋势。尝到甜头的小王并不知足，不断在高位加码买进，期待股价再创新高。然而，好景不长，股价开始暴跌，一天之内价格下挫到了最开始买入时的价格。心慌意乱的小王急忙将股票卖出，但仍然损失了不少金钱。就这样

---

① 基本面反映了公司的基本运营状况，如公司的主营业务、管理理念、财务状况表现等。

经过几番尝试，小明总是看着哪只股票大涨就买入，一旦出现下跌就连忙卖出。久而久之，小明不但没能赚够买球鞋的钱，反而连生活费也亏损了一大半。

小 贴 士

在股票投资过程中，类似于小明这样追涨杀跌式的短期性操作无疑是非理性的。股价的短期波动很大，如果一味凭借情绪化的行为追涨杀跌，那么最后得到的结果必然不会美好，甚至可能导致自己债台高筑。股市投资者在面对股价的上涨和下跌时应保持平常心，设置目标止盈和止损点并坚持自己的止盈和止损原则，这能够有效帮助我们把控投资风险，避免非理性情绪引起的大幅亏损和被套牢。

（二）股市中的骗局与风险防范建议

股市投资的市值波动使一小部分人获得了不错的收益，这也促使着更多投资者源源不断地涌入股市，期望自己能够获得高回报。利用投资者渴望高收益的趋利心理，一些机构声称能预判股价，帮助投资者获得高回报率，以此诱导投资者付费参加相关培训，学习所谓的炒股秘籍。每一位投资者都应该明白，世上没有掉下来的大馅饼，股市充满不确定性，而且这一不确定性不是个人或者机构能够准确预测到的。一些投资者盲目相信"指导专家"，不仅花费了不菲的学习费，还在跟随专家选股的过程中由于资金投入过大损失惨重。

此外，还有一些机构利用投资者渴望高收益的趋利心理设计骗局，用高回报率作保证引诱投资者大量投入资金进入事先设计好的"杀猪盘"，自己盈利后甩腿逃跑，而投资者则被套牢。股票市场的类似骗局时有发生，对于市场上保证收益率的股票咨询或荐股行为，投资者需要保持提防。

🌼 小案例：实战带盘套路多，避免上当受骗

2018年4月，一家声称做投资培训的A公司通过电话联系到郑某，邀请其参加小型的投资交流会，会有专门的财经老师来进行培训并介绍实战操盘。会上郑某觉得财经老师的讲授和指导意见很中肯，提出的个股、大盘的走势也很有见地，就想进一步学习更为专业化的投资知识。听说这个公司还有标价666元的培训和带盘实操课，并且承诺有高回报率，便欣然前往。在这些老师的指导下，郑某先后将100万元投入财经老师推荐的几只小盘股中。起初呢，还有几千元的获利，后来这些老师的指导越来越不灵验，郑某的亏损也越来

越大，最后就联系不上老师了。郑某在QQ上给老师的留言一直未回复，打电话呢也无人接听，这个时候郑某才恍然大悟，知道自己上当受骗了。后据警方的调查，这个A公司通过这种培训带股，然后跑路的方式骗取股民钱财高达3500万元，上当的投资者高达1000多人。

小贴士

上述案例中，A公司以培训指导掩人耳目，诱导股民进入某些小盘股票，随后在盈利后快速卖出股票并迅速消失，这是典型的诱骗投资者的"杀猪盘"。现实场景中，不法分子利用多数投资者风险意识不强、存在一夜暴富的侥幸心理，通过培训班或股民学校这类投资咨询类服务诱骗投资者，投资者一定要加强自我保护和防范意识，远离此类非法证券活动。

扩展阅读

给股市投资者的几点小建议

大家在股市投资中一定要保持理性，明白个股的短期走势无法精确预测，股市投资绝不存在短期暴利的门道。最后，我们提出如下几点建议给股市投资者，避免投资者一时头脑发热落入股市骗局。

1. 不要盲目相信保证绝对收益的专家和"大V"，股票选择和投资过程中要有自己的主见。

2. 不要随意进入所谓的股票交流群，更不要轻易相信他人的荐股建议并追寻其操作策略。

3. 对于收费性质的股票投资咨询类业务，要保持冷静和警惕，避免对方高收益承诺下的冲动行为。

4. 如遇到骗局应及时报警并联系相关证券监管部门，避免更大的损失。

5. 股市有风险，投资要量力而行，不要用家庭的生活费或应急资金炒股，更不要卖房炒股、借钱炒股。

股市走势充满了不确定性，股票投资过程中保持自己的判断尤为重要。炒股炒的是心态，炒的是技术，而不是冲动。放弃暴利思想，追求稳步和长久的收益，才能避开各类陷阱。

扩展阅读

股票市场中的白马股

市场上的股票种类众多，投资中一定要有自己的认知。对于理性投资者来说，安全性和长期回报性是进行个股选择的重要关注点。具有安全性和长期回报性的股票就是我们经常听说的白马股，它主要是指长期绩优、回报率高并具有较高投资价值的股票，包括各类行业的龙头企业、市场效益突出的优质企业发行的股票都可以算是白马股。就这类个股而言，上市企业的市场地位、盈利能力为其预期收益和公司价值提供了有效支撑，从长期来看具有明显的稳健上升趋势。对于缺少专业股票分析能力和市场经验的大部分普通投资者，选择并长期持有白马股有助于规避过

大的市场波动性风险，获得较为可靠的投资回报。

探究与思考

- 生活中如何警惕和避免类似于案例中的股票投资骗局？
- 如何在股市中进行理性的投资操作？

二、债券品种多，理性做选择

（一）债券投资及其购买平台

债券是居民进行理财投资的另外一种重要的金融产品。相较于股票，债券具有还本付息的特征。简单来看，债券就是一张约定有利息的欠条，这张欠条可以由公司、政府或者金融机构签发。持有债券意味着大家可以在约定时间拿回本金，并获得额外的利息收入，这一过程就是债券投资的过程。

要进行债券投资就要先购买债券，传统的购买债券的渠道有银行柜台、交易所和委托理财机构；现如今网络发达，我们还可以在各大App上购买债券。无论通过哪种渠道、方式购买债券，都要对所购买债券的债券期限、偿还方式、发行人、公章、合同细节进行审阅，最好有专业人员陪同监督，以了解债券的品种和风险保障信息。

🌼 **小案例：买债渠道要慎重，交易安全很重要**

刘某在一次朋友的饭局中谈到自己最近想购买债券进行理财。一位朋友王某介绍自己是当地银行工作人员，能通过内部渠道买到国债，并可以比市场价优惠的价格售卖给刘某。两天后，王某便拿了一张工商银行某支行销售的凭证式国债给刘某，上面的数字是"20万元，3年期，年利率5%"，并许诺可以19万元的优惠价格卖给刘某。刘某觉得很划算，在核查了王某的银行工作证，并对比了刘某所给的国债凭证同网上的国债凭证样式后，觉得应该没有问题，便从王某手中购买了20万元票面额度的国债。半个月后，刘某到工商银行办理相关业务时和柜台员工聊到这个事情，柜台员工表示没听说银行内部人员可以私下销售国债的。刘某顿时感觉不对劲，联系了相关人员并报警。最后证实，王某是一个伪造国债的骗子，并最终被抓捕。这次受骗经历给刘某上了深刻的一课，那就是债券投资一定不要轻信旁人进行私下交易，要选择安全的平台。

小贴士

务必从正规渠道购买债券，不要像刘某一样贪图便宜和优惠，轻信"介绍人"，否则很可能陷入骗局，惨淡收场。

债券交易的过程中也会存在很多陷阱，在购买债券之前一定要确认购买债券在法律上的真实性。对于旁人介绍的债券，务必谨慎小心。建议大家从正规渠道购买债券，并且在签署协议时务必了解清楚债券的发行方、发行流程和债券投资行为中的权责。

（二）债券投资的种类和信用风险

市场上存在的债券远不止国债这一种，如何在众多债券中选择最合适的一款，需要我们对债券的收益、风险等进行具体了解。为了方便我们区分和理解，通常可以将债券根据发行主体的不同进行简单分类，具体包括政府债券、公司债券、金融债券。其中，政府债券背后的发行主体是国家和地方政府，具有较强的安全性，不过收益率相对不高。而公司债券和金融债券则是由公司和金融机构出于融资需求发行的，收益率比较高，但风险也高于政府债券；在个别情况下还会面临到期不能偿还本息的风险，即信用违约风险。

🌻 **小案例：债券收益勿贪高，信用风险记心间**

小杨工作两年后有了一定的积蓄，便考虑到商业银行柜台购买债券进行理财。经柜台工作人员介绍，目前在销售的债券品种主要有三种：一种是当月国家发行的一年期国债，年化收益率为4%；一种是某国企发行的18个月融资债券，年化收益率为6%；还有一种是某农业食品公司发行的两年期公司债券，年化收益率为10%。银行柜员同时表示最后一种公司债券虽然收益明显高很多，但其风险性较前面两种也高出不少，投资者需要根据自身风险偏好审慎做决策。小杨觉得农业食品公司债券收益率高出前面很多，而且很少听说银行理财有亏本的，没怎么考量便毅然购买了10万元的食品公

司债。尽管第一年，小杨如愿得到了10%的收益回报，但没想到第二年由于新冠肺炎疫情暴发和公司盲目过度扩张，农业食品公司运营受阻，流动资金链的断裂直接导致公司破产，相应债券无法继续支付利息和偿还本金，小杨也因此遭受了很大的投资损失。

小贴士

投资者购买债券时切勿过度关注名义的年化利率，"高收益对应高风险"的投资定律在债券市场上同样适用。债券投资中应对相应产品的风险状况进行有效了解和认知，提升风险意识和自我保护能力。

在债券发行方存在较严重的资金流困境下，像上述案例，投资人也存在拿不回本息的可能。在当前信用理财市场"打破刚性兑付"背景下，投资者需要意识到债券违约发生的可能性，在债券投资中切勿只关注允诺的利率，而要多去了解债券产品的相应条款、潜在风险和发行人的资产状况，提高风险意识。对于大多数投资者而言，尽管无法对拟购买债券的风险状况进行专业性评价，但可以通过第三方机构对债券的信用等级评价了解相应债券的偿还债务能力。

表1　中国人民银行关于债券信用等级的划分和含义

符号	等级定义
AAA	偿还债务能力极强，违约风险极低
AA	偿还债务能力很强，违约风险很低
A	偿还债务能力较强，违约风险较低
BBB	偿还债务能力一般，违约风险一般
BB	偿还债务能力较弱，违约风险较高
B	偿还债务能力较大依赖经济环境，违约风险很高
CCC	偿还债务能力极度依赖经济环境，违约风险极高
CC	破产或重组时获得保护较小，基本不能偿还债务
C	不能偿还债务

　　表1给出了债券的信用等级划分状况，以反映所投资债券的风险大小。债券的信用等级在我国通常分为表中的AAA到C九个等级，相应的信用风险由上到下依次增加。一般来说，BBB级及以上的债券具有相对较安全的投资保障。BBB级以下等级的债券具有较大的投资风险，但相应债券的回报率许诺得更高。在债券买卖中，大家需要关注所购债券的信用风险级别，避免盲目追求高收益而承受较大的信用风险。

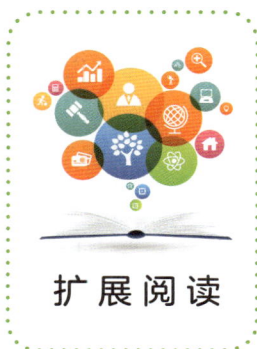

扩展阅读

谈一谈"可转换债券"

　　除了比较常见的还本付息典型意义上的债券，大家还经常听说"可转换债券"。我们把一般债券看作是约定有利息的欠条，可转换债券意味着这张欠条上不仅约定有利息，还承诺投资者可以在一定条件下将其转换成公司的股票。简单来说，可转换债券既可以被看成是债，又可以被看成是股，具有双重特点。

　　对于投资者来说，只要有股票账户，就可以进行可转债的购买和转卖。并且相对于股票而言，可转债的交易是T+0的交易机制，即当日买入后可以在当日卖出，流动性较好。不过，可转债的每日价格波动没有涨跌幅限制，容易出现大涨大跌的情况，对投资者的风险承受能力要求比较高，并不适合普通投资者参与。

探究与思考

- 债券产品一定是保本的吗？
- 如何理性进行债券类产品的选择和投资？

三、基金虽省心，买前细评估

近年来，从"90后"小青年到退休阿姨，从学生党到上班族，越来越多的人加入了基金投资的行列。那什么是基金呢？基金其实就是一种集合化的投资理财方式。投资者把钱交给基金管理公司进行代理理财，基金公司依靠专业化的背景进行投资，并将投资收益分享给投资者。

（一）私募基金和公募基金

在现实投资过程中，我们接触的基金品种分为私募基金和公募基金两种。其中，私募基金主要面对少数人群进行发行，在投资者资产、基金购买额度等方面设定投资门槛。公募基金则是面对大众人群进行公开发行的，在投资额度方面基本没有限制。相对来看，公募基金的市场规范度和安全系数更高，而对于私募基金，目前我国证监会对相关业务还未进行牌照管理。私募基金行业中管理人诚信、规范意识和业务能力参差不齐、鱼龙混杂，投资者需要予以警惕。

🌻 **小案例：私募投资要谨慎，避免上当被诈骗**

老李在一次偶然的机会下结识了小刘。小刘说话很有逻辑，平时也经常打电话关心老李，老李对小刘很是信任。后来老李得知小刘是做私募基金业务的，小刘称自己公司的私募基金稳健性强、安全性高，如果有兴趣，可以试试。并且小刘指出自己公司对投资者会承诺最低收益，年

我们的年化收益率在15%左右，投资起点可以降到5万元

……

化收益率一般在15%左右。小刘还称考虑到老李年纪较大，抵御风险的能力较低，如果想投资的话可以帮忙将投资金额的起点线降到5万元。老李觉得小刘真心在为自己考虑，于是将存折里的5万元购买了该私募基金。不久后，老李通过警方的电话得知小刘所在公司涉嫌非法集资，现已被查，由于巨额资金缺口，多只基金的投资者将遭受重大损失。老李慌了，他给小刘打电话，可小刘的电话却再也没有打通。原来，小刘的公司就是一个空壳，打着私募基金的招牌，做的却是非法集融资活动。老李很难过，自己辛苦挣的血汗钱就这么赔了进去。

小贴士

　　现在，私募基金监管实行备案制而非许可制，私募基金行业的运行和监管还存在较多待规范和完善的地方。在对私募基金机构信息及其产品认知不充分的情况下，尽量避免进行私募基金投资。

　　对于大部分投资者来说，购买公募基金产品是更为便捷，也更为可靠的基金理财方式。这其中，根据基金经理人的投资标的进行分类，我们日常接触到的公募基金主要包括货币型基金、股票型基金、债券型基金和混合型基金。其中，货币型基金一般通过购买央行票据、短期存款这类安全性极高的准储蓄产品进行投资获利；股票型基金一般将资金投入股票市场，有选择地购买多组合的个股进行获利；债券型基金的投资标的主要对应于信用期限较短的短债市场以及期限相对较长的中长期债券市场；混合型基金则表示相应基金产品的投资标的既包括股票又包括债券，是两者的混合。从潜在收益率和安全性来看，货币型基金、债券型基金、混合型基金、股票型基金的潜在收益依次递增，但风险也相应在不断加大。

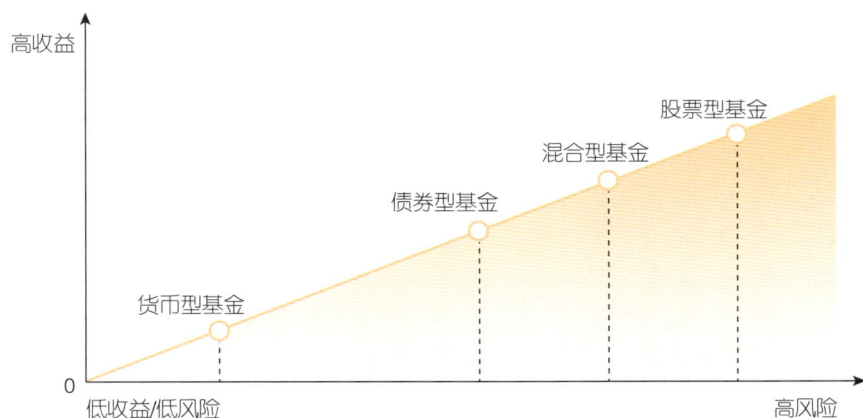

（二）公募基金的投资选择

　　尽管基金投资是由专业化的基金经理代大家进行理财，但仍存在一定的风险，特别是对于高收益的股票型基金，由于市场的波动性，短期内基金产品的收益无可避免地存在增益和损失，甚至在部分情况下存在较大起伏。在购买基金时，大家首先要认清自己的风险偏好，根据自己的风险偏好选择相应的基金产品。对于风险厌恶的人群或者投资新手，应尽量选择稳健的货币型基金或者债券型基金，避免承受收益过度波动带来的短期冲击。

🌼 小案例：股票型基金风险大，自身偏好需明确

　　老王退休后一直赋闲在家，最近听说楼上的老杨靠买基金半年赚了2万元，而且风险比股市小不少，便对基金投资产生了很大兴趣。尽管没什么理财经验，他开始不断关注基金走势图，和街坊邻居们聊天也总是谈到基金。最近，老王注意到市场行情一直不错，债券型基金和股票型基金都在上涨，特别是股票型基金的上涨势头很强。老王觉得这是个机遇，便一口气向某只热门股票型基金投了10万元。但是，以股票为投资标的的股票型基金收益具有相对大的波动，尽管前几天这只基金给老王

带来了近2000元的收益，但是很快股票市场的突然下挫让老王三天亏损了9000元，并且迟迟看不到收益向上的趋势。受不了这种过度下挫带来的损失风险，老王直接被气病了。

小贴士

不同的投资者具有不同的风险偏好和风险承受力。基金的种类有很多，相应的风险也存在差异。基金投资新手在进行投资前务必明确自身对于风险的态度和承受能力。

结合自身的风险偏好确定股票型基金、债券型基金或者混合型基金的投资，在具体基金产品的选择上也需要仔细评估。通常来说，一些资金规模大、业务能力强的公司发行的基金产品具有更为稳健的长期盈利能力，投资者在进行基金投资时需要花时间去查阅、观摩相应基金的历史表现，选择表现稳健、收益保障高的基金进行投资。

网络时代购买公募基金的渠道很多，除了在各大银行的App、专门的基金网站（如天天基金、蛋卷基金）上购买基金，我们还可以在微信和支付宝平台购买公募基金。以支付宝平台购买基金为例，我们打开支付宝，选择"理财"，点击"基金"频道即可以选择基金产品进行理财投资。需要说明的是，支付宝的基金频道链接蚂蚁金服，后者持有杭州数米基金销售有限公司68.83%的股权，持有合规的基金销售牌照，你在支付宝查看到的在售基金，是完全可以放心购买的。

那么，我们如何选择更为安全、稳健的基金呢？大家无论是偏好债券型基金还是股票型基金、混合型基金，都可以通过浏览基金的历史表现进行筛选，查看基金在近一周、近三个月及更长时段的历史收益，尽量选择那些波动性更小，中长期收益趋势更为凸显的基金。另外，在基金产品的购买中，投资者需要关注以下几点来有效提升基金的潜在收益。

如何选择更为安全、稳健的基金呢？

1.观察基金历史净值

2.基金规模不要太小

3.选择大公司和业绩好的基金管理人

（1）观察基金的历史净值，若历史表现的波动性过大，那么持有基金的体验不佳，同时收益波动大也反映了基金经理自身实力和策略的不足，应慎选此类基金。

（2）选取的基金规模不要太小，最好选择在千万元规模级别以上的基金，规模过小的基金可能存在清盘风险；同时，基金经理人对于规模过小基金的关注度也会相对不足。

（3）重点选择市场公认的大公司和业绩好的基金经理人管理的基金产品，并且可以持有多只标的有所差异的基金产品，通过分散投资更好地提升盈利。

前面我们说的基金产品，主要投资于国内金融市场。随着近年来我国资本市场的开放和发展，我们目前还可以买到投资国外金融资产的基金（QDII基金），以享受国外金融市场的红利。不过，由于这类基金以美元等外币进行投资，美元等外币相对于人民币的汇率变化将会影响该基金的资产价值，从而导致基金资产面临潜在风险，这点在投资相应基金时需要予以注意。

🌻 小案例：境外投资多思量，汇率波动需关注

2020年初，刘姨听说美股的市场行情比较好，于是在朋友的推荐下买了一只以海外美股市场为标的的QDII基金。到了年末，刘姨关注到美股一直有不错的上涨趋势，估算基本有9%左右的涨幅。但是，她查看自己的基金收益，发行收益率竟然是−1%。刘姨以为这只基金在偷吃投资人的收益，后来通过咨询才了解到，尽管相应投资标的一年内的收益率是9%，但这是以美元计价的。由于国际汇率市场的波动，去年内人民币对美元的汇率增值达到10%，这导致相应基金收益在换算成人民币后最终成了负数。这次投资后刘姨感慨道：没想到QDII基金的收益还需要考虑外汇因素。

小贴士

QDII基金可以看成是海外资产投资的团购模式。它的收益除了与投资的国外资产收益有关系外，和境外市场汇率变动也有很大关联，购买相应基金时对于后者的风险也要给予关注。

指数型基金

扩展阅读

　　股神巴菲特说过："通过定期投资指数基金，一个什么都不懂的业余投资者，往往能够战胜大部分专业投资者。"那么，什么是指数型基金？作为股票基金的一种，指数型基金就是以特定指数为标的，并以该指数的成分股为投资对象，通过购买该指数的全部或部分成分股构建投资组合，以追踪标的指数表现的基金产品；指数涨，该基金的市值也会涨，指数跌，该基金的市值也会跌。目前市面上主流的标的指数有沪深300指数、标普500指数、纳斯达克100指数等。以沪深300指数为例，其选择的标的为上海证券交易所和深圳证券交易所中市值大、流动性好的300只股票加权形成的投资组合，可以有效反映中国上市股票价格的整体表现。指数型基金涉及一大篮子的股票组合，极大程度地分散了个股的风险，具有很好的稳健性，对于投资新手来说，定期购买并长期持有指数类基金，可以取得不错的长期稳健收益。

探究与思考

　　▶ 如何通过手机选择和购买基金产品？
　　▶ 请思考自身的风险偏好和适合购买的基金种类。

第 3 章
理性投保，别让放心变揪心

身边的故事

2019年10月，马鞍山市文明办与平安养老保险股份有限公司马鞍山中心支公司签订了《马鞍山市注册志愿者团体意外伤害保险服务协议》，统一为全市注册志愿者购买了志愿者服务期间的意外伤害险。这项志愿服务保障措施能为全市35万多名志愿者解决参与志愿服务的后顾之忧，其中保险理赔内容包括最高2万元的门诊治疗保险，以及意外伤残最高赔付额10万元。

2020年7月，受上游来水和本地强降雨的双重影响，马鞍山江河湖泊水位猛涨，防汛形势极为严峻。在外地上大学的钱同学暑期回到家乡，报名参加了"护河镇返乡大学生志愿者服务队"。7月17日早上，钱同学跟妈妈一起开车前往防汛埂段，不幸途中发生交通事故，钱同学受伤比较严重，额头缝合19针，颈椎有一处骨裂。经上海医院治疗后，目前恢复良好。

钱同学受伤后，马鞍山市文明办及时联系平安

保险公司，希望将受伤志愿者的损失降到最低。平安保险公司也根据赔付流程，按照条款约定的赔付比例，于12月19日赔付了5071元的理赔金，保障了志愿者的权益。

思 考 题 ？

◉ 保险在现代生活中有何重要作用？
◉ 保险购买与理赔中的注意事项有哪些？

一、知己知彼，买对保险

随着社会进步，越来越多的人开始接受保险产品，并将其作为家庭资产的重要配置选择。但是部分人盲目地为家人配置大量保险，每年交一大笔保费，得到的保障却非常少。保费交了多年，退保觉得可惜，留着又没太大用，十分纠结……因此，买保险之前，加强对保险产品的认识，学会科学投保很有必要。

（一）保险产品知多少

保险产品种类繁多，根据保险标的是人还是物可将其分为人身保险和财产保险两大类。人身保险分为人寿保险、意外伤害保险和健康保险，财产保险又分为财产损失险、责任保险、信用保证保险。

根据保险经营性质可将其分为政策性保险和商业性保险。政策性保险包括面向农村居民的新型农村合作医疗保险（简称"新农合"）、面向城市居民的城镇社会保险（包括养老保险、医疗保险、失业保险、工伤保险和生育保险，简称"五险"）。

根据投保的目的可将其分为保障型保险和理财型保险。保障型保险

（也称"消费型保险"）是指在约定期限内，客户缴纳保费，保险公司承担保险责任；约定期限结束，保险责任结束，并不退还保费。理财型保险（也称"返还型保险"）是指在约定期限内，客户缴纳保费，保险公司承担保险责任；约定期限结束，退还一定金额的保费。

居民日常接触较多、经常购买的主要是重疾险、医疗险、意外险和寿险，他们也被称为险种里的"四大金刚"。

1. 重疾险

保障的是重大疾病，是四大险种里面保费最贵的一个险种。重疾险的选择主要考虑保额、缴费期和保障期。

（1）保额：目前来说，一般在城市重大疾病治疗费用平均在30万元左右，所以重疾险比较合理的保额至少30万元起步，如果是在一线城市，花费更多，保额建议至少为50万元。

（2）缴费期：如果收入稳定，保障型产品的缴费期越长越好。每年的缴费压力不会很大，也可以更充分地利用保费豁免[1]。

（3）保障期：重疾险分为一年重疾、定期重疾和终身重疾三种。如果预算有限，建议先考虑定期重疾。

小贴士

重疾险保障的病种相差并不大。银保监会规定了所有重疾险产品都必须包含25种高发疾病，这25种高发疾病已经占了重疾理赔率的95%左右。所以，有些保险产品宣传其保障的重疾病种数量很多，可能也只是噱头罢了。

---

[1] 保费豁免，指的是在保险合同规定的缴费期内，投保人或被保人达到某些特定的情况，如身故、残疾、重疾或轻症疾病等，由保险公司获准后，同意投保人可以不再缴纳后续保费，保险合同仍然有效。简单地说，就是投保人在一定条件下可以不用交钱就能继续获得保障。

2. 医疗险

它属于报销型保险，也就是花多少报多少。很多人可能会觉得生病有医保报销，并不需要购买医疗险；但是医保有报销额度、报销范围、报销比例的限制，有时候保障难免不足，所以医疗险可以有效补充医保覆盖不到的地方。

3. 意外险

保障内容基本有意外身故、意外伤残（按十级比例赔付）以及意外医疗三种。这一切的赔付都必须满足"意外"的特点，也就是外来的、突发的、非疾病的、非本意的，而常见的个体食物中毒、高原反应都不属于意外险的保障范围。

4. 寿险

它就是保身故责任的险种，意外事故、等待期后的疾病身故、自然身故都可以赔偿。寿险按保障期间可以分为定期寿险和终身寿险。定期寿险的特点就是相对便宜，比较适合工薪阶层。终身寿险，顾名思义就是身故和全残保障可以保终身，但是价格就比较昂贵。

🌸 小案例："低调"的农业保险

2015年6—8月，因受持续高温缺雨天气的影响，河北省部分地区出现了不同程度的干旱情况，且局部区域旱情严重。严峻的旱情形势引起了当地各级政府的关注。中华联合财产保险股份有限公司在河北省11个地市共承保1188万亩（玉米）大田作物。经查勘后认定本次旱灾属于保险责任，中华财险承担本次旱灾的损失赔偿责任4亿元。本案中，

中华财险依托新技术手段来协助查勘定损工作，科学定损，使损失确定更加便捷、准确。

小贴士

农业保险是财产保险的一种，是专为农业生产者在从事种植业、林业、畜牧业和渔业生产过程中，对遭受自然灾害、意外事故、疫病或者疾病等事故所造成的经济损失提供保障的一种保险。农业保险按农业种类不同分为种植业保险、养殖业保险；按危险性质分为自然灾害损失保险、病虫害损失保险、疾病死亡保险、意外事故损失保险。农业保险的保险标的包括农作物栽培（农业）、营造森林（林业）、畜禽饲养（畜牧业）、水产养殖、捕捞（渔业）以及农村中附属于农业生产活动的副业。农业保险是"服务三农，落实惠农政策"的重要措施，为促进乡村振兴提供了有力保障。

扩展阅读

有社会保险了还需要买保险吗

社会保险和商业保险的关系不是谁取代谁的问题，而是相互补充的关系。当你拥有了社会保障的前提下，可以考虑是否购买商业保险作为补充。

首先，当我们谈论重大疾病经济损失的时候，往往只想到了大家所熟知的医疗费、药物费用和住院费等，却忽视了治疗后带来的隐含损失，如收入损失和后期疗养费用。根据银保监会和各大保险公司的理赔数据，目前重大疾病的平均理赔年龄集中在35岁到49岁之间。而这个年纪，正是个人工作和家庭的稳定期。如果这个时候发生了重大疾病，就会导致个人在未来五年内无法为家庭提供任何收入。即使是康复后，可能也需要长期的疗养费用，而这也有可能影响未来的可支配收入。所以，我们不难看出，社会保险解决的是部分治疗费用，而收入损失和疗养费用却无法弥补。商业保险一个非常核心的功能就在于此——弥补家庭成员因无法工作带来的损失。

其次，社会保险是存在局限性的，主要表现在起付线、封顶线、医保支付范围和支付比例四个方面。由于社会保险的局限性，大部分常见重大疾病社会保险报销的比例只占总治愈费用的30%~40%。

总而言之，社会保险遵循的是补偿性原则，是对生病后治愈费用的补偿。商业保险则是对社会保险的补充，一次性现金给付，买多少赔多少，是对收入损失的弥补，所以这两者并不冲突。

（二）科学投保五大原则

购买保险时，应根据自身投保需求和财务状况，选择最适合自己的保险产品，不盲目盲从。

1. 先家长，后孩子

"重孩子、轻大人"是很多家庭买保险的误区。为什么要先给家长而不是小孩购买保险呢？

购买保险的主要目的，是当某一天意外来临时，可以为自己减轻经济负担。孩子出现意外时，父母是可以有多种选择的。而当父母出现意外时，不够独立的孩子是没有能力承担风险的。谁发生风险对家庭影响最大，就要优先为其购买保险。换句话

05 先产品 后公司
01 先家长 后小孩
02 先保额 后保费
03 先规划 后实施
04 先保障 后理财
科学投保 **5** 大原则

说，就是谁是家庭的经济支柱谁先买。在孩子经济独立以前，父母是家庭经济的核心来源。大人得到了保障，孩子才会多一份安心。

2. 先保额，后保费

保额是指在发生意外之后，所能获得的理赔金额。保费是指在购买保险时，所花费的金额。保额应当覆盖风险发生时的经济损失。当风险来临时，家庭将要承受多大的损失，这才是我们购买保险首先要考虑的问题。知道了潜在风险可能造成的家庭经济损失后，根据损失来定保额，可以将保险的作用最大化。保额不够，保险就失去了其应有的效果。保险作为风险保障，保额太少就达不到保障效果，而保额太多又要支出过高的保费。

举个例子：现在针对恶性肿瘤的治疗，少则十几万元，多则上百万元。如果我们购买的保险只有几万元的保额，那么是远远不能覆盖这次疾病风险的。这就导致我们即使花钱买了保险，面对风险时也依旧得不到保障。

所以我们要进行科学的风险评估和需求分析，明确自己需要的保额程度，理性购买。

3. 先规划，后实施

在进行科学的风险评估和需求分析之后，要进行合理的保险规划，然后再去购买产品。那么，该如何制订正确的投保规划呢？

（1）对家庭状态做理性的分析。

每个人的家庭经济状况、家庭结构等都有所不同，不盲目地购买保险产品，不盲从地听信某些保险销售人员的推销，合理地制订保险规划，是购买保险之前最重要的步骤之一。

家庭状况分析需要考虑这几点：家庭成员构成？哪些人员是优先需要购买保险的？家庭可能会遇到哪些风险？风险发生时，家庭会承受多少经济负担？即对保额的预估。如何用保险去抵御不同类型的风险？风险包括意外、重疾、身故等方面，不同险种所保障的风险类型也是不同的，我们要选择适合自己的保险险种。

（2）当购买保险的预算不足时，该怎么办？

当购买保险预算不足时，我们可以根据上一条对家庭风险的分析状况，为重要的、发生概率较大的风险购买短期险。例如，现在市场上有许多一年期消费型的保险，只要不到500元，就能买到1年30万元的重疾险保额。在经济能力有限时，可暂时选择短期险作为过渡。等经济能力充足时，再替换长期型的保险。

4. 先保障，后理财

在投保类型方面，要以保障型保险作为优先选择。当保障型保险完善之后，再去考虑理财保险。

（1）什么是保障型保险？保障型保险是一个与理财型保险相对的概念，它具有以下特征。

保费低：这类产品通常价格便宜，每年花费仅几百元，不会造成经济负担。

保障高：保障型保险通常保障范围相对比较广，这类保险是回归保险本质的产品，是真正能够保障家庭风险的保险。

高杠杆：因其保费低、保障高，所以保障型保险的高杠杆作用十分明显，一旦出大事，几百元的保费能获得几十万元的赔偿。

无投资收益：保障型保险通常为消费型产品，在风险未发生时，保障型保险是不会给投保人带来收益的。

（2）为什么要先保障后理财？

人是财富的创造者，没有人的保全，也就没有财富的积累，因此，人的保障比财富的保障更加重要。如果家庭里的经济支柱突然身故，整个家庭失去经济来源，那么家里其他人的生活必定会十分艰辛。如果生前购买了相对应的保险，那么家人可以用这笔赔付款缓解生活压力。让家庭在风险发生后，能够继续有尊严地活着。保险最原始的功能应该是风险保障，意外险和健康险等是最具有保障意义的险种。如果家庭里的经济支柱突然患上重大疾病，家庭在经济断流的同时，还将面对巨大的医药负担，即使最后病愈了，家庭经济也会受到影响。保障型保险不能锦上添花，但是可以雪中送炭，帮助缓解家庭压力，降低风险带来的损失。

5. 先产品，后公司

在购买保险的时候，保险公司并非第一考虑要素。在购买保险时，不必拘泥于品牌或保险公司的规模大小，而要以产品适用性为首要考虑因素。保险公司无论大小，从设立到经营，都要受到同样严格的监管。即使保险公司倒闭，保单也将由其他保险公司接手，继续履行保险责任。

小贴士

货比三家，好产品是淘出来的。不同保险公司在推出保险产品时会有不同的定位，如保费与保额之间的比例、保障项目、保障覆盖范围以及保障时间等。根据自己的家庭经济条件和投保规划，购买适合自己的产品，才是最重要的。

🌻 小案例：免责条款

2010年5月，小明在某保险公司给自己购买了一份人身保险。保险责任包含身故责任，基本保险金额为50万元人民币。合同约定：在保险期间内，若小明因意外伤害身故或因疾病身故，保险公司将按合同约定的保险金额给付身故保险金；自保险合同生效之日起两年内自杀的，保险公司不承担给付保险金的责任，返还保单现金价值，合同终止。投保后，小明按时缴纳了保险费。2011年8月，小明被确诊为抑郁症，一周后，小明被发现死于居住的宿舍院内，经过法医鉴定"系高处坠落死亡"。小明死后，受益人要求保险公司支付保险金。保险公司的理赔人员到现场勘查后发现，小明坠落大楼的天台、楼层围栏均有1.3米高，围栏完好无损，非主动攀爬无法坠落大楼，由此推断出他不是意外身故。公安机关未对此事件立案侦查，可证明小明非他杀身故，再结合小明死前患有抑郁症的诊断证明，理赔人员推定出小明为自杀身亡，根据保险条款中的免责条款，保险公司返还保单现金价值，合同终止。

小贴士

　　免责条款是指保险人（保险公司）与投保人约定的用于免除或限制其未来合同责任的条款。以人寿保险为例，其免责条款包括投保人或受益人对被保险人的故意行为，即投保人或是受益人故意对被保险人做出某些行为以期望获得理赔等八条。交强险免责条款包括：（1）道路交通事故的损失是由受害人故意造成的；（2）驾驶人未取得驾驶资格或者醉酒的；（3）被保险机动车被盗抢期间肇事的；（4）被保险人故意制造道路交通事故的。

探究与思考

▶ 保险中的免责条款指什么？

▶ 购买保险需要重点关注的问题有哪些？

❀ 小案例：买保险"后悔"了怎么办？

2012年10月，李某为家人购买了一份疾病保险，缴费方式为每年缴纳3870元，缴费期间为20年。合同对保单的现金价值进行了约定，每份保单的现金价值为：1年末340元，2年末1100元，3年末1920元。签订合同当日李某向保险公司缴纳了第一年的保险费。

2013年6月，李某又给家人购买了一份终身重大疾病保险，缴费方式为每年缴纳3240元保险费，缴费期间为10年。合同对保单现金价值进行了约定：1年末448元，2年末1468元，3年末2876元。合同签订当日李某缴纳了第一年的保险费，并签收了回执单。保险公司对李某进行了两次电话回访。随后，李某针对这两份保单要求解除合同并全额退还保费。庭审中，李某辩称2012年10月签订的保单没有在回执单上签字，对2013年6月签订的保单上自己的签字不认可，但也未申请鉴定。而保险公司只同意退还保单的现金价值，辩称：李某要求的各种赔偿费和道歉均无法律依据。而按合同规定，在十日内才有权退保，现在已超时，不予退保。同时，保险公司提交了李某购买保险产品时的回访电话截图，保险单的签收回执、电话录音回访记录等证据。

　　法院审理后认为，当事人采用书面形式订立合同，双方当事人签字或者盖章时合同订立。对于犹豫期问题，客户在保险公司投保后，保险公司规定：合同生效后，为客户提供十日的犹豫期，犹豫期为客户收到保险单并书面签收之日起十日内，客户在上述期间内要求解除合同的，保险公司在合同解除之日起十日内扣除工本费后退还客户本保险实际缴纳的保险费，保险合同终止；在犹豫期后退保的，将退还保险单的现金价值，保险合同终止。本案中保险公司向法庭提交了2013年6月保险单送达的证据，且提供了回访电话截图和录音整理。李某辩称不能确定是自己的签名，也不去鉴定，法院不予支持。对于2012年10月的这份保单，保险公司虽然提供了保险单签收回执，但只提供了复印件，且回访电话内容未能落实清楚是否为本次保单，李某认为到目前为止，犹豫期仍没过，法院予以支持。

保险犹豫期

扩展阅读

　　"犹豫期"是指投保人在收到保险合同后10天（银行保险渠道为15天）内，如不同意保险合同内容，可将合同退还保险人并申请撤销。在此期间，保险人应同意投保人的申请，撤销合同并退还已收全部保费。该10天（银行保险渠道为15天）即通常所说的"犹豫期"。

　　犹豫期内退保，必须注意以下几点：

　　1. 如果因为特殊情况无法及时接收保单，最好提前通知保险公司。收到保险单后，一定要亲自填写保单回执，并注明日期。因为保险公司对犹豫期的认定，是以回执日期为起始日进行计算的。

2. 如果犹豫期最后一天是节假日，绝大多数公司可顺延至节假日后第一个工作日受理。

3. 投保人必须认真阅读保险条款，对自己还不够了解或理解有偏差的内容，要及时向代理人询问，以免误保。

4. 银保监会要求各家保险公司对购买投资连结险和分红险的客户进行100%的电话回访，并要求电话录音。投保人和被保险人应该抓住这个时机，将自己从代理人处了解的权益通过电话，在回访人员那里进行核实，以保证合同能够满足需要，为自己和家人提供一份切实的保障。

5. 最后，万一要退保，投保人无须任何理由，但必须以书面形式向保险公司提出申请，口头请求无效。

🔍 探究与思考

⊙ 结合自身情况，制订一份保险购买计划。

⊙ 不同的保险产品中，都有哪些免责条款？

二、有理有据，科学索赔

买保险是为了在发生风险时能够得到充足的理赔，以解燃眉之急。理赔时受益人也希望理赔流程越顺利越好，理赔款越早到账越好。但是许多人因为对流程不熟悉，或者疏忽大意，在理赔的时候遇到困难，甚至连理赔款都拿不到，这是谁都不愿意发生的。

理赔是保险生命周期的重要环节，为了让一份保险真正起到保障作用，我们需要了解一些与理赔相关的知识。

（一）出了保险事故应该怎么办？

一旦发生了保险事故，应该做的事情是：报案、收集资料、索赔、等待核保及结案。

1. 报案

保险事故发生后，投保人、被保险人或受益人应该及时通知保险公司。通知的方式可以是：电话报案、书面通知、让保险业务员协助报案等。报案时主要说明：被保险人姓名、身份证号码；事故发生的时间、地点、原因以及损害情况、被保险人现状以及报案人的联系方式。

大多数保险合同条款会注明应在出险后10日内报案，某些产品要求的时间可能更短。所以，出险后一定要尽快联系保险公司报案。

2. 收集资料

报案后，保险公司的理赔专员一般会发送一个理赔指引，告知索赔应准备的材料及数量、材料提交的期限等。为了避免理赔过程中出现纠纷，导致理赔时间过长，也应该尽快备齐资料提交。

3. 索赔

一般由被保人或受益人向保险公司提出索赔申请，也可以委托代理人办理，委托代理人办理需提供委托书和双方的身份证明。

4. 等待核保及结案

接收客户资料后，保险公司就会进入理赔审核阶段，主要是审核保险合同的有效性、出险事故、申请人资格、理赔材料的完整性和真实性等。保险公司也会判断是否需要提起额外的调查流程等。

🌸 **小案例：保险赔付，留给家人的身后保障**

58岁的A先生是河南人，在河北经营着自己的饭馆，在某年5月某日的凌晨，由于煤气泄漏导致的爆炸，A先生全身烧伤面积高达80%，被立即送往当地医院进行治疗，最终因 "感染性休克、多脏器功能衰竭"死亡。

A先生整个治疗过程长达一个多月，经历多次手术和ICU监护，整个过程中一共花费70万元，其中15万元的治疗费用可以通过老家城镇居民社会养老保险（简称"城居保"）来报销，但是仍然有55万元需要自费。

不幸中的万幸是，在事故发生前，A先生花费了1400元投保了一份医疗险，在家属提交理赔申请后，保险公司核保人员走访了该案经办警员，得到事实经过如下：起爆点位于A先生家厨房的煤气罐，可能的原因是忘记关上阀门，开灯导致发生爆炸，排除人为纵火的情况，也可以排除是A先生自杀的行为。

保险公司12月收到客户资料，立即进行审核，由于提交资料不全，在通知客户补交资料8天之后结案，共赔偿医疗费用54万元。

（二）索赔时需要的证明材料

提出索赔时，需要按照有关规定提供真实有效的单证资料，这样保险公司才能根据情况进行评估。通常，需要提供的单证资料包括以下几种。

1. 理赔申请书：主要包括被保险人的信息，保单号，申请理赔项目，出险时间、地点、经过、结果等，申请人信息，授权与声明信息等。

2. 被保险人的身份证明：即被保险人的有效身份证或护照等；若被保险人为未成年，可提供户口本、户籍证明或出生证明等。

3. 受益人身份证明及与被保险人关系证明：（1）受益人是指按保险合同或相关法律规定，受领保险赔偿金的权利人。受益人一般持本人有效身份证或护照即可证明本人身份。若受益人为未成年人，可提供户口本、户籍证明或出生证等。（2）受益人与被保险人关系证明。受益人受领保险金款项时，除需出具本人身份证明外，还需确认其与被保险人的关系是否与合同约定一致。一般常见的"关系"有：a.夫妻关系，可提供结婚证明；b.父母关系，可提供户口所在地的派出所出具的户籍证明；c.子女关系，可提供户口所在地的派出所出具的户籍证明或出生证明。

4. 死亡证明、户籍注销证明：申请身故保险金的，需要提供由国家卫生行政部门规定的医疗机构、公安部门出具的被保险人死亡证明。若被保险人被宣告死亡，须提供人民法院出具的"宣告死亡判决书"。

5. 残疾鉴定书：申请伤残保险金的一般需要提供保险公司认可的医疗机构或鉴定机构出具的残疾鉴定书。

6. 相关医疗单证和材料：申请重大疾病、医疗费用理赔时，需提供相关医疗证明材料，包括由保险公司认可的医疗机构出具的诊断证明、门诊病历、检查化验单、手术病历、出院小结等。

7. 意外事故证明：申请意外事故理赔的，需要根据不同情形提供不同的意外事故证明。

🌻 小案例：投保人未履行健康险告知义务，保险公司拒绝赔偿

2013年6月，冯某作为投保人以田某为被保险人在某保险公司投保。8月，田某住院，被诊断为"酒精性肝硬化慢性肝衰竭"。后经了解，投保人隐瞒了田某"饮酒20余年，每天1斤白酒"。保险公司作出解除合同并退还部分保险费的决定。

法院认为，投保人因重大过失未履行如实告知义务，且该告知内容属于足以影响保险人"是否同意承保或者提高保险费率"等情形的，保险人依法享有保险合同的解除权，不承担赔偿或者给付保险金的责任。

🌼 小案例：因车撞人致死后受损引起的保险纠纷

2005年9月5日，李某为他的帕萨特轿车投保了车辆损失险，保额为20万元。随后，李某将车借给杨某。杨某驾驶该车与董某骑的自行车后部相撞，致董某死亡，轿车也受损。事后，交通队不能认定事故责任。经核损，保险公司应支付车辆修理费7万余元，但保险公司拒绝赔付。李某随后诉至法院。

法院一审判决保险公司赔偿核损保险费的90%，共计6.5万余元。保险公司辩称，交通队不能认定责任，公司只能赔偿50%。发生事故时驾驶员不是保单中记载的指定驾驶员，根据合同约定，在赔偿50%的基础上再扣除10%，即只能赔偿全部损失的45%，为3.2万元。

终审法院认为，李某与保险公司之间有保险合同关系存在，保险公司应当按照保险合同约定承担赔偿责任。虽然交管部门未就交通事故作出责任认定，但保险公司在没有证据证明死者董某对交通事故负有责任的情况下，应当按约承担全额赔偿责任。但发生保险事故时驾驶员杨某并非指定驾驶员，根据保险合同约定，应当扣除10%的赔偿款。据此，法院判决保险公司赔偿6.5万元。

小贴士

保险投诉热线电话

中国人寿	95519	太平洋人寿	95500
平安人寿	95511	新华人寿	95567
泰康人寿	95522	太平人寿	95589
合众人寿	95515	富德生命	95535
君康人寿	956016	信泰人寿	95365
人民人寿	4008895518	民生人寿	95596
阳光人寿	95510	百年人寿	95542
大家人寿	95569	中英人寿	95545
农银人寿	95581	平安养老	95511

（三）合理规避保险欺诈风险

保险欺诈是指保险合同一方当事人对合同有关事项，故意向另一方当事人作不真实陈述的行为。防范保险欺诈风险，一是正确认识保险和其他金融产品的区别，充分了解所购买保险的特点；二是理性选择理财型保险产品，谨慎对待投资风险；三是仔细阅读保险条款，注意检查收到保险合同的完整性；四是妥善保存保险单。投保人应该增加强维权意识，清楚维权渠道。

🌻 小案例：找人"顶包"骗取保险金

张某酒后驾车，发生事故导致车辆严重损坏。为能获得保险理赔，他便打电话给好朋友谢某，谢某到现场后，谎称自己是驾驶员，保险公司赔付保险金9万余元。后张某、谢某罪行败露，均被法院以保险诈骗罪判刑。

小 贴 士

　　酒后驾车发生保险事故造成保险标的损失，保险公司是拒绝赔偿的；被保险人为图谋保险赔偿而欺骗保险公司的行为，最终会受到法律的制裁。

探究与思考

⊙ 你了解索赔的程序和准备工作吗？
⊙ 生活中有哪些行为容易产生保险纠纷？

三、保险或理财，小心选择

　　对于每个家庭来讲，理财方式五花八门，有储蓄、保险、股票、债券、期货、基金、房地产；等等。理财型保险作为家庭资产配置的一种方式，也越来越受到消费者欢迎。

（一）理财型保险有哪些分类

　　理财型保险是兼具保险和投资理财双重功能的险种，主要包括分红险、万能险和投连险。

1. 分红险

　　分红险，类似于股票分红，是指保险公司将其实际经营成果超出定价假设的盈余部分按照一定比例向该保险持有人进行分配。分红险的主要功能是保险，红利主要来源于死利差[①]、利益差[②]和费差益[③]三方面。分红险的红利收益与保险公司的实际经营额是相匹配的，上不封顶，但是也可能没有红利。

分红保险依据功能可以分为投资型分红险和保障型分红险。投资型分红险主要为一次性缴费的保险，通常为5年期或10年期，它的保障功能相对较弱。保障型分红险主要是带分红功能的普通寿险产品，比如两全分红保险和定期分红保险等。这类保险侧重人身保障功能，分红只是作为附加利益。分红险的保险费用比较高。

2. 万能险

万能险，是指包含保险保障功能，并至少在一个投资账户拥有一定资产价值的人身保险产品。现金价值的保证利率较低，投保人所缴保费被分为两部分，一部分用于保险保障，另一部分用于储蓄投资。万能险之所以被称为"万能"，是因为万能险具有缴费灵活、保额可调整、保单价值领取方便等优点。2017年保监会下发人身险〔2017〕134号文件《中国保监会关于规范人身保险公司产品开发设计行为的通知》后，大部分万能险已经停止销售。

3. 投连险

投资连结保险（简称"投连险"）是一种集保险与投资功能于一身

---

① 死利差：被保险人的实际死亡率小于预定死亡率而产生的利益。比如，保险公司预测今年可能会有100万人离世，但实际上，只有80万人离世，那么保险公司原本准备的理赔金就会多于实际要赔付的理赔金，这多出来的一部分就是死利差。

② 利益差：保险公司实际的投资收益率大于预定投资收益率而产生的利益。比如，保险公司预测今年的投资收益会有100万元，但是实际上的收益有200万元，那么多出来的100万元就是利益差。

③ 费差益：保险公司实际运营中产生的费用小于预算而产生的利益。比如，保险公司今年广告费的预算是100万元，但在实际操作中，因为节俭和控制，只花费了80万元，那么就会产生10万元的费差收益。

的新险种。投资连结保险均设置单独的投资账户。保险公司收到保险费后，按照事先约定，将保险费的部分或全部分配进入投资账户。投资连结保险的保单价值将根据保险公司实际投资收益情况确定。若收益高则投保人的回报也多，若收益较低或者没有收益，那么投保人也要承担一定的风险。

🌻 小案例：分红有前提，买前要谨慎

江苏南通的老张在某保险公司花了10万元购买分红险，以为可以分到不少收益。当他去保险公司想取出这笔钱时，没想到保险公司人员却回应说："这钱10年、20年都没办法取出来。"面对工作人员的回应，老张不免有些恼怒。10万元钱可不是什么小数目，就这样打了水漂，想到这里老张难掩怒火地质问工作人员："钱拿不回来，我买的这个产品有什么意义，当时给我讲10年就能拿出来，你们不就是骗人吗？"老张购买的是分红型养老保险，按合同规定必须连续缴纳20年，至60岁后才可以领取收益，每年领取的收益根据保险产品的收益状况进行分配。前期宣传的高收益率只是理想的收益率，并不是固定不变的收益率。

一些保险营销人员在前期宣传过程中会过度宣传产品的高收益，且不会强调产品高收益实现的前提条件。

小 贴 士

保险条款对很多消费者来说如同天书，让人头大。所以，很多消费者懒得再去看那些条款，听销售人员粗略解释后就草草签字。但是，保险作为一项长期资产配置，一二十年缴费期下来，所缴费用对家庭来说也是不小的数字。消费者应本着对自己负责任的态度，看清楚保险责任、责任免除、缴费条件、保险期间等关键内容。

扩展阅读

如何看待理财型保险

现在市面上大部分的分红险、万能险都属于理财型保险。理财型保险相当于是把其中一部分保费用来提供和消费型保险同等的保障服务，剩余的钱用来进行投资。投资者所交的大部分钱相当于是在保险公司做了一个储蓄，而且这个保证利率不会太高。同时，理财型保险有个弊端，就是流动性差，很难把这笔钱取出来应急。

（二）理财型保险的收益

理财型保险由于兼具投资和保障功能，深受广大消费者喜爱。然而，也不是所有消费者都适合购买理财型保险。在同等的保障条款下，理财型保险相比于保障型保险的费用通常更高。我们在选择理财型保险时，不仅要关注保险条款里的基本责任，还需要结合自己的预算，并且比较理财型保险的投资收益率后再作出理性判断。

🌻 **小案例：保障型重疾险和返还型重疾险的比较选择**

保障型重疾险的保险责任是当被保险人罹患保险合同中约定的疾病时，保险公司进行定额给付。不同于消费型医疗险，重疾险可以弥补被保险人因患病所致的超额医疗费用，解决超范围医疗费用，并且补偿收入损失。返还型重疾险不仅具有保障型重疾险的以上功能，还能够在期满时，返还保险费或者合同中载明的保险金。当然，返还型重疾险的保费相对更高。下面是市面上两款典型重疾险的保险条款，在轻症保障方面，保障型重疾险的保障程度明显更高，并且相比于返还型重疾险具备了中症保障。此外，两款产品都附加了一个50万元的身故责任。

表1　返还型重疾险和保障型重疾险的保险责任比较

产品	重症		轻症			中症		
	重症种类（种类）	重症赔付（元）	轻症种类（种）	轻症赔付（元）	赔付次数	中症种类（种）	中症赔付（元）	赔付次数
返还型	80	50万	30	10万	3	—	—	—
保障型	108	50万	40	17.5万	3	25	25万	2

表2　返还型重疾险和保障型重疾险的期满返还情况

产品	保障期限	返还金额（元）
返还型	年满70岁	31.2万
保障型	年满70岁	0

然而，相比于保障型重疾险，返还型重疾险可以当被保险人年满70岁时，返还31.2万元的保费。当然，返还型重疾险保费相对更贵。以30岁

女性，投保50万元保额，30年缴费期为例，返还型重疾险的保费为每年10400元，消费型重疾险的保费为每年3830元，每年缴纳的保费相差6570元。那么，投保人每年多缴的这个6570元的保费，到40年以后，可以返还31.2万元，这个投资收益率有多少呢？我们通过复利计算公式，发现这个多缴的6570元所产生的实际收益率大约为1.77%。相当于，消费者多花了6570元买了一个收益率为1.77%的年金险。然而，1.77的收益率是高还是低，这可以跟同期银行存款利率以及理财型产品的收益率作比较。

因此，保险消费者在选择保障型保险和理财型保险时，应该结合自身的经济能力、银行存款利率、同时期市面上理财型产品的收益率以及自身对保险产品的保障需求进行综合考虑，不可盲目跟风选择。

🌻 小案例：报喜不报忧，理财型保险也不"保险"

2019年，市民刘先生在某互联网平台购买了一款两全分红保险产品，兼具理财、意外保障、高额借贷3项功能。他说："当时产品宣传得可好了，以其硕大的字符标示着'累计预期收益率25%'，心想可捡了个大便宜。"

然而没想到的是，等到产品运行一年后，刘先生才发现，25%指的是5年期满后的累计收益率，而该产品同时承诺"期满可获得11.7%保底收益"，除此之外，并没有收益不确定性的相关标注。这一年的收益率不仅没有超过普通银行理财产品的水平，更连银行一年期定期存款利息都不如。而在该平台，诸如此类只宣传收益，不提风险的保险产品还很多。

小 贴 士

　　很多理财型保险宣传时重视收益宣传，忽视风险。消费者在购买互联网保险产品时一定要查看好条款信息，避免造成经济损失。

探究与思考

> 你了解什么是分红险吗？
> 购买理财型保险时需要注意什么？

第 **4** 章

民间金融，莫让鸡飞又蛋打

2018年7月，被称为"互联网金融创新中心"的杭州，掀起了一场P2P平台爆雷潮。短短10多天，曾经名噪一时的牛板金、人人爱家、投融家等16家P2P网贷平台相继沦陷，相关公司负责人被依法采取刑事强制措施，上述平台累计交易金额超过500亿元，投资者数量逾百万。消息一传开，天津、河南、江苏、广东等地数万名投资者从各地赶来维权，面对这些"讨债"的投资者，当地政府将杭州黄龙体育中心、杭州市江干区体育中心两大体育场馆设置为受害投资者的临时接待点。当初面对P2P许诺的高收益，这些投资者投入几万元到数百万元，不少投资者将全部身家甚至负债借来的钱出借给P2P平台，如今却面临倾家荡产、血本无归的窘境。面对互联网金融领域的乱象，中国人民银行召开了互联网金融风险专项整治工作部署会议，

强调要坚决打赢互联网金融风险专项整治的攻坚战，争取1年至2年内完成专项整治，建立互联网金融风险防范的长效机制。

思 考 题？

❯ 你认为应该如何防范民间金融风险？

❯ 你还了解哪些民间金融骗局？这些金融骗局有什么共同特征？

❯ 随着互联网金融的普及和发展，各种网络非法集资、理财诈骗层出不穷，普通人应该如何识别和避免上当呢？

一、非法集资套路多，面对"馅饼"莫贪心

非法集资，是指未经国务院金融管理部门依法许可或者违反国家金融管理规定，以许诺还本付息或者给予其他投资回报等方式，向不特定对象吸收资金的行为。近年来，我国非法集资犯罪呈高发多发态势，2019年全国检察机关起诉非法吸收公众存款犯罪1038件，同比上升40.5%；起诉集资诈骗犯罪1794件，同比上升50.13%。在司法打击力度持续加大的同时，非法集资犯罪手段也不断翻新，一些不法分子利用社会公众对金融创新认识不足，假借"虚拟货币""互联网+""供应链""新农村建设"等概念，通过"新瓶装旧酒"来迷惑大众，严重扰乱了经济金融秩序，极大地侵害了人民群众的财产安全。

（一）非法吸收公众存款："馅饼"还是陷阱

非法吸收公众存款罪是指违反国家金融管理法规，非法吸收公众存款或变相吸收公众存款，扰乱金融秩序的行为。行为人不具备吸收公众存款的资格，但仍以高息理财、投资入股、发行消费卡或会员卡、代种

植（养殖）等方式，以高息为诱饵，采取"拆东墙补西墙"的手法，用后来吸收的资金支付先前吸收的资金利息，周而复始，恶性循环，到案发时往往债台高筑，从而引发一系列社会矛盾和社会问题。

🌻 **小案例：**

王某于2018年1月成立绿黄贸易公司，公司经营范围为农产品、禽、蛋及水产品的销售，农业技术开发服务，农业生产资料配送、销售等。但王某却以绿黄贸易公司的名义，组织公司员工利用发传单、宣传册、宣传会等方式进行线下公开宣传，向社会不特定对象以签订入股的方式吸收资金，入股合同显示：投资资金用于经营与开发农业旅游项目等，每月以入股资金的1.8%~2%作为利润分成，到期返本付息。绿黄贸易公司在未取得金融许可资质的情况下，非法吸收资金700万余元，涉及投资人174人，后因绿黄贸易公司资金链断裂，无法支付投资人的本金及利息而案发，投资人总亏损达500万余元。

小 贴 士

非法吸收公众存款的4种常见手法

1. 承诺高额回报：为了吸收更多的资金，犯罪分子在非法吸收存款初期往往按时足额兑现承诺本息。

2. 编造虚假项目：大多数犯罪分子通过注册合法的公司或企业，打着响应国家产业政策、开展创业创新等幌子，编造各种虚假项目。

3. 以虚假宣传造势：非法吸收公众存款骗局往往在宣传上一掷千金，雇人广为散发宣传单、进行社区推广，制造虚假声势。

4. 利用亲情诱骗：利用亲情、地缘关系，拉拢亲朋、同学或邻居加入，使参与人员迅速蔓延，非法吸收存款规模不断扩大。

🌸 小案例：合作社融资要慎重，识别骗局很重要

2013年6月，孙某注册成立赵县瑞超农作物种植专业合作社（以下简称瑞超合作社），经营范围为销售本社成员种植的农作物。瑞超合作社成立后，孙某以高额提成为条件发展赵某、张某等10余名当地村民为代办员，通过赵某、张某等人向村民宣传惠农信息，承诺"年分红率4.5%""入社自愿、退社自由、随支随取"等条件，以高息回报为诱饵，以不特定村民为对象办理"入股"业务，大量吸收村民存款。对于"入股"的资金，孙某除支付提成及到期"分红"外，将大部分资金用于个人挥霍，导致无法追回。截至案发，瑞超合作社共发展"入股"村民200余户，吸收"股金"1000余万元，这些钱财是村民们多年的血汗钱，有些甚至是六七十岁的老人一辈子省吃俭用攒下来的养老钱。自从这个事件发生后，村里已经有多位老人病倒，村民们吃不下、睡不好，忧心忡忡，不知道该求助于谁。更不知道何时才能拿到自己的血汗钱，能追回来多少。

小贴士

　　随着我国精准扶贫和乡村振兴战略持续推进，农民合作社、农业公司等新型农业经营主体不断涌现。但是，也有不法分子打着新型农业的幌子，"下乡进村"，在农村以"互联网+农业""办合作社"等噱头进行非法集资。农村地区非法集资犯罪活动主要有四个特点：一是打着合作金融旗号，将无实质性生产经营关系的人员吸收为合作社成员；二是公开设立银行式营业网点、大厅或营业柜台，并进行相关业务；三是雇用农村地区原银行机构业务"代办员"；四是案件集资参与人单笔投入案值普遍不高，但参与人数较多且风险承受能力弱。本案中，孙某根本无法兑现承诺，其采取"拆东墙、补西墙"的方法，利用新的"入股金"支付到期应付的"分红"，从而制造持续盈利的假象，进而骗取更多的村民"入股"，其行为构成集资诈骗罪；赵某、张某等人代办存取"股金"业务以获取提成为目的，不具有非法占有集资款的共同故意，因此赵某、张某等人的行为构成非法吸收公众存款罪。

🌻 小案例：高息理财迷人眼，控制贪欲是关键

　　"我十几万元的棺材本被骗走了……"2018年4月18日下午，86岁高龄的林大爷瞒着家人，焦急地拄着拐杖到经侦大队报案。林大爷是如何被骗的呢？事情要从2017年10月某天说起，那天傍晚，林大爷像往常一样在小区附近散步，路上一个年轻人塞给他一份高息理财宣传单，并向林大爷保证"保本+14%的高息"，同时声称金鑫投资公司有国企背景、某明星代言。还有这样的好事？林大爷陆续将十几万元的存款投入该公司的高息理财项目，刚开始每个月都能收到利息，可没想到，4月的利息没有按时到账，林大爷赶紧到该投资公司一探究竟，发现公司门外早已经集聚了一批他这样的投资者，而金鑫投资公司的法定代表人已经卷款潜逃。据经侦大队民警介绍，今年2—3月，他们接到10起类似案件报

警，初步估计有五六百名老人上当受骗，以60岁至70岁的老人为主，还陆续有老人前来做笔录，涉及金额达上千万元。

调查中，民警发现这些投资公司很多都是空壳公司，他们未经依法批准，以各种名义向社会不特定对象进行非法集资，老年人是其主要目标。这些公司将办公地址设在高档写字楼，花重金包装公司门面，公司的业务员爱与老人套近乎，以小恩小惠哄骗老人，并以高额的回报率吸引老人投资。

小贴士

据民警介绍，非法集资的主要形式是以私募基金为名义进行非法集资、借"投资理财"名义非法集资、以消费商品为幌子进行非法集资、以发售原始股权的名义非法集资这四种形式。这些投资公司通常具有如下特征：一是办公场所豪华。在选择办公地点时都喜欢选在高档写字楼内，办公室布置得很豪华，有时还利用名人效应，比如公司负责人与某明星或领导的合影照片（事后发现这些照片全是员工自己伪造的）。二是承诺产品保本付息。通过高收益吸引受害者购买，事实上年化收益率高低并不是判断投资项目安全与否的唯一标准，年化收益率低的产品也不一定就没有风险。三是貌似证照齐全。有些非法集资者具有工商税务登记，但无从事金融业务的牌照，或者仅有某类金融业务经营牌照，但却超范围经营，投资风险极大。

（二）集资诈骗：你贪的是高息，他要的是本金

集资诈骗罪是指以非法占有为目的，违反有关金融法律、法规的规定，使用诈骗方法进行非法集资，扰乱国家正常金融秩序，侵犯公私财产所有权，且数额较大的行为。行为人是以非法占有为目的，集资后往

往携款潜逃，或者擅自挥霍滥用、使用集资款进行违法犯罪活动，并导致集资款无法返还，或者隐匿、销毁账户，搞假破产、假倒闭，逃避返还资金的责任，最终导致集资诈骗受害人遭受较大的资金损失。

🌼 小案例：高息理财风险大，擦亮眼睛严防范

自2012年7月以来，徐某等人利用中晋资产管理有限公司及关联公司，通过投放广告等方式向不特定社会公众进行虚假宣传，以"中晋合伙人计划"名义设立虚假股权私募基金产品，承诺还本和支付高额利息，共同实施集资诈骗行为。为规避查处，有关涉案公司支付业务员高额返佣，由业务员向投资人承诺10%~25%的年化收益率。截至2016年4月5日案发，中晋公司非法集资共计400亿余元，绝大多数集资款被消耗、挥霍于还本付息、支付高额佣金、租赁豪华办公场地、购买豪车、豪华旅游、广告宣传等，案发时未兑付本金共计48亿余元，造成全国1.2万余名集资参与人产生重大的财产损失。2019年9月，上海市第二中级人民法院对被告单位国太投资控股（集团）有限公司、被告人徐某等10人集资诈骗案进行了一审公开宣判，以集资诈骗罪分别判处国太集团罚金3亿元，判处徐某无期徒刑，剥夺政治权利终身，并处没收个人全部财产；判处陈某某等9人有期徒刑5年至12年不等。

小 贴 士

　　银保监会主席郭树清曾说过：收益率超过6%就要打问号，超过8%就很危险，10%以上就要准备损失全部本金。高息理财平台会宣传其产品低风险、高回报，实际上是拆东墙补西墙的庞氏骗局①。大家千万不要被小利益蒙蔽了双眼。购买理财产品时，应核实对方身份，最好到银行、保险公司等营业网点或通过正规网银渠道购买，并留下相关凭证，以防上当受骗。

小案例：购物返利是骗局，理性消费不上当

　　2015年7月至2018年6月，被告人顾某某、侬某通过上海联璧电子科技（集团）有限公司推出注册"联璧金融"App会员可获全额返还的"0元购"活动，并指使被告人陈某、王某某组织设计虚假资产包或定向投资项目等各类理财产品，承诺保本付息和高额利息，诱骗社会公众在"联璧金融"App上投资购买该理财产品。被告人朱某、张某某分别参与了钱款转移、系统维护等行为。2017年5月，顾某某还收购了四川省成都市华夏万家（北京）金融服务外包有限公司（以下简称华夏万家公司），并自2017年9月起至2018年8月与华夏万家公司合作推出"0元购"活动，采用前述手段诱骗社会公众在"华夏万家金服"App上购买理财产品，非法募集资金，并指使朱某非法转移钱款。经审计，顾某某等人通过"联璧金融""华夏万家金服"平台非法集资共计人民币830余亿元，造成110余万名被害人损失共计人民币120余亿元。集资钱款被用于兑付投资人本息，支付运营费用、货款及归还债务等。

---

　　① 庞氏骗局：利用新投资人的本金向老投资人支付利息和短期回报，以制造赚钱的假象，进而骗取更多的投资，是一种"拆东墙补西墙"式的金融诈骗方法。

小贴士

国家互联网应急中心（CNCERT）在巡查中发现，我国网络上"互联网购物全返"及"高额返"等平台风险较大，"购物全返"平台不同于通常的购物优惠平台，而是通过"0元购物""大比例返还消费资金"迅速吸引用户。具体可分为以下三类。

一是以"0元购物"为噱头吸引用户。例如，"利利购商城"平台宣称"零成本购物"，但用户首先需要预存商品价格数倍甚至十倍的预存款，如市场价3000元的平板电脑，预存15000元3个月即可免费获得，对于用户来说相当于获得了80%的实际年化收益。

二是商品价格大幅高于市场价格，但在一定期限内消费金额分批返还。例如，"零零购"平台一款不知名白酒标价6999元，但会在6个月内为用户"100%返现"。

三是预售大幅折价"积分券"进行非法集资。例如，"云惠联"平台曾在官网上以1999元的价格出售面值10000元的积分券，在非法获取2000万元资金后携款潜逃。

🌼 小案例：让你转账是骗局，不信不理不汇款

2020年9月29日上午，方女士带着同伴前去上海农商银行宝山美安路分理处要求办理转账业务，转账金额高达106万元。在办理过程中，银行工作人员对其进行"四问一告知"①的防电信诈骗温馨提示，客户表示该笔款项是用于投资，但她填写的汇款用途却写着"借款"，网点负责人仔细询问方女士"投资项目"的细节。方女士告诉网点负责人，本次汇

---

① "四问一告知"是银行为客户办理转账业务过程中，为了防止金融诈骗，对客户进行的询问，包括四问：（1）您认识对方吗？对方是您什么人？（2）为什么要划款给对方？（3）划款是划到所谓的"安全账户"吗？（4）您是否收到警方防范电话诈骗的安全提示？一告知：如您对转账存在疑问，请及时向警方和银行工作人员咨询；如您确认转账是安全的，请签字确认。

款是为了参与投资"高回报种树项目"。网点负责人初步认定该项目为疑似诈骗或非法集资行为，当即对方女士进行劝阻，但客户还是沉浸于"高回报"的预期中坚持转账。出于对客户的负责，网点立刻联系了辖区民警一起为客户列举多起类似的诈骗、非法集资案例，最终成功劝阻客户上当受骗。

小贴士

　　当前，集资诈骗的手法层出不穷，一些骗子打着"互联网+乡村振兴"的幌子，开展所谓的"云养殖""云种树"进行网络非法集资。投资者一定要加以识别：一是要提高防范诈骗风险能力，面对高额回报的诱惑时，要牢记天上不会掉馅饼，冷静分析，避免上当受骗。二是增强理性投资意识，高回报总是伴随着高风险，要根据自身的风险承受能力，从银行等正规渠道购买理财产品。三是通过电话、网络等方式要求转账、汇款至陌生人银行账户的都涉嫌诈骗，需要提高警惕。

如何防范集资诈骗呢

扩展阅读

四看：一看融资合法性，除了看是否取得企业营业执照，还要看是否取得相关金融牌照或经金融管理部门批准。二看宣传内容，看宣传中是否含有或暗示"有担保、无风险、高收益、稳赚不赔"等内容。三看经营模式，有没有实体项目、项目真实性、资金的投向去向、获取利润的方式等。四看参与集资主体，是不是主要面向老年人等特定群体。

三思：一思自己是否真正了解该产品及市场行情。二思产品是否符合市场规律。三思自身经济实力是否具备抗风险能力。

等一夜：遇到相关投资集资类宣传，一定要避免头脑发热，先征求家人和朋友的意见，拖延一晚再决定。不要盲目相信造势宣传、熟人介绍、专家推荐，不要被高利诱惑盲目投资。

二、民间借贷风险大，安全防范有诀窍

民间借贷是指自然人、法人、其他组织之间进行资金融通的行为。也就是说，除了国家依法批准设立的金融机构以外的自然人、法人及其他组织之间的资金借贷行为都是民间借贷，民间借贷是对正规金融的有益补充，既需要规范，也需要保护。生活中，我们每个人或多或少都会碰到过亲朋借贷、熟人借贷，由于民间借贷多为私下行为，出借人对借款人的资金使用、资信情况并非能够完全掌控；再加上民间借贷中间环节多，形成了或长或短的资金链，一旦其中某个环节出问题，很容易引发严重的连锁反应。因此民间借贷属于高风险领域，如何保证借贷资金

安全就显得非常重要。

（一）理性借钱，救急不救穷

🌼 **小案例：两笔借款为何一损一得？**

说到借钱，小刘今年就遇到了两位朋友借钱的无奈情形，但结果却迥然不同，一笔5000元的借款基本无望收回，另外一笔借款不仅如期收回，还巩固了双方的友谊。

今年初，小刘忽然接到一个初中王同学的电话，说要举行婚礼，暂借5000元钱。小刘和这个王同学初中时关系非常好，虽然已经多年没有联系了，但既然曾经要好的同学开口，还是结婚急需用钱，虽然不太情愿，最后碍于面子小刘还是将钱打到了王同学的账户。但小刘后来从其他同学处了解到，这个王同学嗜赌成性，已经把能借钱的对象都借过了，并且都是有借无还。最后可想而知，这笔钱当然要不回来了，现在这个初中同学的电话都成了空号。

这笔有借无还的事情发生后，小刘又遇到一个好友向他借钱。小刘这位好友和他在一个单位，在上海又谋到了一份新工作，临走时"囊中羞涩"，希望小刘能借2000元，用于在上海租房、生活的费用。

有了前车之鉴，小刘还是有所犹豫。他和妻子商量了一下，还是觉得和这位同事有4年的交情，除了工作上互相协作，生活上也是要好的朋友，关键是这位同事厚道又热心，帮了小刘不少忙。再说这位同事暂时缺钱也是真事，上海消费水平较高，租房、生活都是一大笔开支。一番考虑后，小刘把钱借给了这位同事。让小刘没想到的是，同事在2个月之后便把钱还给了他，双方友情更进了一步。

通过这两件借钱事例，小刘觉得借钱对象很重要。如果你对他现在的情况不了解，不相信他，就不要借钱给他；如果你决定借，也要量力而为。

小 贴 士

把握三原则，让钱"有去有回"

第一是视借钱对象而定。考量自己同借钱者的关系，以及求助者的信誉度。这个找你借钱的人平时的信用情况如何，是否经常找人借钱，借了不还，恶性循环，借了一圈又借到你头上，如果是，这种人就不能借钱给他。

第二是要考虑借钱目的。借钱买房子、买车、买背包、买手机，可以找银行贷款。这时可以告诉他，自己为还贷款，手头也紧张。但如果朋友确实有困难急需这笔钱，求学者借，看病者借，遇祸者借。

第三是要考虑借钱额度。如果真的事关紧急，还坚持不借钱，就有点不近人情了。你不妨老实地说，大笔的钱一时凑不齐，目前只能借50%，但不用着急还。

🌻 小案例：借钱让我失去多年朋友

"一位先哲曾说：不要轻易借钱给别人，因为，这不光会失去你的金钱，还会失去你的朋友。对此，我是深有感触，为了几百元钱，我和曾经交往甚密的朋友已经20余年互不往来了。"现年50岁的王先生颇为无奈，那还是20世纪90年代初发生的事情。"一个颇为要好的朋友找到我，说他要结婚了，我赶紧表示祝贺。接着他就说当下手头拮据，问我能不能借给他500元钱。要知道，当时我每个月才挣不到200元钱。500元钱对我来说可是一个不小的数字。不过，我们是多年的同学，还在一个单位工作，算得上是不错的朋友，何况他还帮助过我。他是电工，我家有点跟电有关的事情让他来帮忙，他都是很爽快的。基于这种考虑，我二话没说拿出500元钱给了他。"

不过，让王先生始料未及的是，到了约定还钱的时间，却迟迟不见朋友的踪影，无奈之下，王先生去朋友家找他，可是人家压根儿就不提还钱的事情。没办法，王先生咬咬牙，鼓足勇气问朋友什么时候能还给自己钱，朋友说刚结完婚，家庭支出过多，没有余钱给王先生。回到家，王先生整天想着这件事，吃不下，睡不着。一年后，王先生找了个借口再次登门要钱，说是到附近来办事，顺道来看看他，这次还是没要回钱。两个人从此也就"恩断义绝"了，为了500元钱，在单位见到有时连头都不点，更不要提逢年过节互相走动了，20多年两人形同陌路。

小贴士

借钱应救急不救穷

莎士比亚曾说过："不要轻易借钱给别人，也不要轻易向别人借钱；借钱给别人会让你人财两空，向别人借钱会让你挥霍无度。"从现有的借贷纠纷案例来看，民间借贷纠纷最常见的是认账不还钱，有的是确实没有偿还能力，有的是有偿还能力，但找各种借口拒不偿还。因此，建议树立救急不救穷的借钱原则。如果别人真的发生十万火急的意外状况，适时伸出援手是身为朋友义不容辞的举动。需要小心的是救穷，如果对方在朋友圈信用不佳，多次频繁借钱就不应借钱给他，要知道盲目借钱给这类人，不仅不能缓解其窘境，还容易养成其惰性，最终会使自己人财两空。

（二）熟人借贷，亲兄弟也要明算账

"亲兄弟明算账"是一句大家常常听到的话，可实际执行起来，结果往往是算不清账又伤了兄弟感情。就像现在，很多人说千万不要借钱给朋友，不然往往是人财两空，多年经营的感情也会一朝散尽。

🌸 小案例：借款还款都需要保留凭证

林某称应周某要求于2019年7月至2020年5月向周某在工商银行湖北某支行开设的账户多次打款，共计57000元，周某拒不归还，林某遂将周某诉至法院，除转账凭证外林某无其他任何证据。法院一审认为，原告无借条及其他证据证明讼争款系借款，裁定驳回原告起诉，以不当得利诉求另行起诉。原告不撤诉，法院判决原告败诉，二审维持原判。

小 贴 士

借钱给他人要保留凭证

借钱给他人应该保留相关凭证。首先，要求债务人出具借条，内容包括借条字样、出借人姓名、借款人姓名、借贷双方关系、借款金额、还款期限、利率，以及借贷双方当场书写的签名。如果对借款人不是很熟悉，还要验证身份证件的真实性。除此之外，可以视情况要求借款人提供一定形式的担保，可以找有偿还能力的人作为担保人，可以用财产进行抵押、质押。

🌻 小案例：借钱到期未归还，及时催收莫拖延

2015年7月10日，村民王某某向好友吴某出借10万元，借款期限为一年，月息2%，利息按季支付，期满归还借款本金。2016年7月5日，双方签订补充协议，借款期限延长至2017年7月10日。吴某自2017年4月10日后未再支付利息，借款期满后也未归还借款本金。2021年4月10日，王某某向法院提起诉讼，要求判令吴某还本付息，并要求其支付逾期还款利息。吴某答辩称：欠款未还是事实，但王某某起诉已经超出诉讼时效，要求驳回王某某的诉讼请求。王某某陈述其分别于2017年9月12日、2017年12月22日、2018年10月1日、2019年2月2日及2019年8月10日到吴某的住处催促还款。法院经审理后认为，王某某提出其多次到吴某住处催促还款，但没有提出相应证据予以证实，不予采信。最后以王某某的起诉超出法律规定的三年诉讼时效期间，判决驳回了王某某的诉讼请求。

小贴士

根据《民法典》第188条的规定，向人民法院请求保护民事权利的诉讼时效期间为三年。在诉讼时效期间内，权利人提出履行请求会发生诉讼时效中断，即诉讼时效重新计算，因此债权人应当在诉讼时效期间积极向债务人请求偿还债务，并注意保存履行请求的相关证据，包括请求清偿债务的短信、微信记录，或者登门讨债的视频等。本案中，吴某应当于2017年7月10日还本付息，诉讼时效期间至2020年7月10日届满，王某某于2021年4月10日才向法院提起诉讼，明显超出三年的诉讼时效。王某某虽然提出其多次到吴某的住处催促还款，但没有提出相应证据予以证实，不能证明存在诉讼时效中断的情形，因此，吴某的抗辩理由成立，法院作出判决驳回王某某的诉讼请求是正确的。

借款给他人的注意事项

扩展阅读

1．要有书面借据，否则一旦对方否认借款事实，尤其是现金借款，很容易败诉。同时，借款人在还款后要收回借条，防止个别出借人见利忘义，手持借条诉至法院再次要求借款人还款。

2．尽量通过转账而不是现金方式借给他人钱，因为转账凭证是证明借款或还款时间、金额最直接和最有力的证据。

3．不要为求高利而借贷，更不要将款项借给他人用于违法犯罪活动。高利息意味着高风险，如果明知他人借款用于违法犯罪活动而出借的，还款请求将得不到法院支持。

4．约定用房产抵押的情况。按照法律规定，房产属于不动产，抵押权自房产部门办理抵押登记时设立，所以借款人将房产证押存给出借人的行为起不到任何抵押作用，办理抵押登记才有法律效力。

三、资金转贷不合法，利率太高不保护

近年来，民间借贷发展迅速，但高利转贷、暴力催收等非法活动愈演愈烈，严重扰乱了经济金融秩序和社会秩序。为此，2018年中国银保监会等四部委发布《关于规范民间借贷行为 维护经济金融秩序有关事项的通知》，指出民间借贷中，出借人的资金必须是其合法收入的自有资金，禁止吸收或变相吸收他人资金用于借贷；严厉打击以非法手段催收贷款等违法犯罪行为。

（一）高利转贷为发财，触犯刑律被判刑

高利转贷罪，是指以转贷牟利为目的，套取金融机构信贷资金再高利转贷给他人，违法所得数额较大的行为。高利转贷行为严重破坏了我国的金融秩序，有很大的危害性，情节严重的将构成高利转贷刑事犯罪。有些"精明人"看到银行贷款利率和民间借贷利率间存在较大差异，认为自己找到了一条生财之道，即向银行贷款后再以高利将资金转借他人，殊不知他们在这条发财道路上已经违反了法律，将会受到法律的制裁。

🌼 **小案例：高利转贷不可取，聪明反被聪明误**

浙江省东阳市的葛某某夫妻，精明地看到了资金转贷这一商机，于是以东阳市一套房产为抵押，从农业银行东阳市支行贷款356万元，年利率6%~8%。其后，葛某某夫妻以月息3分将该款转借给某建设公司，一年时间就获利66万元。2016年12月23日，东阳市人民法院判决，被告葛某某伙同他人，以转贷牟利为目的，套取金融机构信贷资金高利转贷他人，违法所得数额巨大，其行为已构成高利转贷罪，依法判处有期徒刑一年九个月，并处罚金30万元，追缴犯罪所得66万元。

小贴士

高利转贷的三个要件

出借人的行为构成"高利转贷"，需要符合以下两个要件：

第一，出借人套取金融机构信贷资金。所谓金融机构，包括银行和非银行金融机构，银行以外的金融机构主要指依法享有存、贷款经营权的非银行金融单位，如信托公司、保险机构、金融租赁公司、农村信用合作社等。

第二，出借人以转贷牟利为目的，将套取的信贷资金高利转贷给他人，违法数额较大。

　　需要注意的是，近年来，随着乡村振兴、创新创业等发展战略的实施，农村地区融资难问题得到缓解。一些个人和企业从金融机构获得贷款后存在打"擦边球"的现象，即从银行贷出资金后由于未能立即投入使用而使该资金成为闲置资金，为了减少利息损失并获取一定利益，就将贷款所得资金借给他人，并收取高额利息。虽然他们在贷款时并未有转贷牟利的目的，但是后来其将贷款擅自借给他人，并收取高额利息的行为已经和高利转贷罪的构成要件完全相符，即构成高利转贷罪。

（二）高利贷不要碰，理性消费莫虚荣

　　随着市场经济的发展，民间融资需求急剧攀升，但民间借贷市场的发展却良莠不齐，一些机构和平台打着互联网金融创新的旗号，实际却从事高利贷等违法活动，部分机构和平台还会涉黑、涉恐，采取暴力方式催债，制造了诸多的家庭悲剧和社会矛盾。

🌻 小案例：高利网贷不要碰，理性消费是美德

　　2016年3月，河南郑州一名在校大学生小郑，因无力偿还共计60余万元的各种网络贷款最终跳楼自杀。一个普通的学生是怎样背负上几十万元的债务，又是什么逼得他走投无路、以死相赎呢？根据小郑的室友描述，小郑来自农村贫困家庭，父母均从事农业，因此小郑在刚入校时生活非常节俭。但2015年以来小郑受身边高消费同学的影响，开始网络借贷购置高档消费品，更严重的是小郑为了偿还到期贷款，暑假期间竟然参与网络博彩和炒股，结果网络博彩被骗，炒股亏损累累，最终欠下债务累计达50余万元。为了偿还债务，小郑开始向网络小额贷款平台借入资金。并且为借到更多钱，他开始借用、冒用共计28名同学的身份证、

学生证、家庭住址等信息，分别在诺诺镑客、人人分期、趣分期、爱学贷、优分期、闪银等14家网络小额贷款平台，共计贷款58.95万元。小郑在网络平台的"帮助"下还旧债，新的债务又不断累积，一次又一次的小额贷款和利息，最终叠加成让小郑难以承受的"巨额欠债"。

还60万元！

小贴士

陷入网贷泥潭，如何尽快脱险

随着互联网金融的发展，网贷改变了人们的贷款方式，让贷款变得更简单。但部分年轻人超过自身偿还能力进行借贷，为了能够按时还款，借款人往往通过拆东墙补西墙的方式来以贷养贷。因此，借款人越陷越深，借网贷平台的钱越来越多，利息也越来越高，到最后借款人连最基本的利息都还不起，最终彻底崩溃。如果不幸被网贷"贷"进了深坑难以自拔，该如何自救呢？

一是理清债务。先将自己所有有借款的平台理出来，将每一笔欠款的还款日期做成一个清晰明确的表格，计算出自己欠款的金额，制订每个月的还款计划。

二是强制坦白。很多人陷入网贷后不愿意向家人坦白，以贷养贷，结果恶性循环、越陷越深。其实，尽快向家人坦白、寻求帮助，以免造成更大的麻烦。

三是协商还款。主动和贷款机构说明自身情况，提出自己的解决方法，表明还款意愿和自身难处，并在家人的帮助下制订合理的还款计划。对于一些贷款利息过高的平台，可以跟平台协商，维护好自己的合法权益，必要时寻求司法解决。

🌻 小案例：暴力催收是犯罪，维权方式要合法

于某的父母原本是做生意的，因为资金周转问题找到地产公司老板吴某借款135万元，月息10%。然而因为资金没有按时回笼，产生了逾期。据于某家人透露，此高利贷的利息和手续费极高，从一开始借款20万元一个月后还了本息近50万元，到最后还款180多万元外加一套价值70多万元房产，仍旧欠吴某143万元左右的债务，这些债务每天的利息都要五六万元。高利贷不还的后果大家都知道，吴某团伙中的杜某等三人不断非法闯入于某家中，并采取各种暴力行为对于某母亲苏某某进行暴力催收、非法禁锢、虐待等，最终得知真相的于某在一次暴力催讨中手持水果刀同其团伙产生冲突，致1死3伤。

2017年6月23日，山东省高级人民法院认定于某属防卫过当，构成故意伤害罪，判处于某有期徒刑5年并对吴某团伙进行了诉讼，吴某涉嫌9项罪名，证据确凿，被判处有期徒刑25年。

虽然暴力催收者得到了应有的法律制裁，但借款人没有运用法律手段保护自身的合法权益，而是采用以暴制暴的行为，最终给自己和家庭带来了巨大的伤害。

小贴士

暴力催收巧应对，法律途径维权益

如果被威胁上门催收，或者面临催收人员的暴力催收，借款人应该运用法律武器维护自身的合法权益。

1.面对上门催收人员，尽量沟通，先适量还款，哪怕一小部分也可以。

2.保留暴力催收的证据，如威胁、侮辱性的催收短信截图、电话录音。可通过报警或投诉的方式制止骚扰，协商还款。以下是部分投诉渠道。

（1）中国互联网金融协会。可以微信关注中国互联网金融协会微信公众号，点击联系我们—我要举报进行投诉，也可以进入官网进行投诉，中国互联网金融协会官网网址是http://www.nifa.org.cn/nifa/index.html。

（2）银保监会。可登录中国银保监会官网进行在线投诉，或者拨打金融消费者投诉维权热线电话12378。中国银保监会官网是http://www.cbrc.gov.cn。

（3）工商部门。全国12315互联网平台为http://www.12315.cn/；或者手机App"全国12315平台"；被投诉方所在地工商局投诉热线：区号+12315。

（4）12321网络不良与垃圾信息举报受理中心。遇到非法短信骚扰，可向12321网络不良与垃圾信息举报受理中心举报投诉。

举报短信网址：https://www.12321.cn/sms

举报骚扰电话网址：https://www.12321.cn/harass

举报短信/电话轰炸网址：https://www.12321.cn/bomber

举报电话：区号+12321

暴力催收的负面效应不容忽视。愿每个人都能理性消费，远离不必要的网贷。如果必须要进行网贷，请注意理性沟通，并尽早还清债务。如果遭遇暴力催收，请学会用法律武器维护自身合法权益。

🌻 小案例："套路贷"是夺命贷，借了必然还不上

2019年3月，兰州警方破获了一起震惊全国的特大"套路贷"，约39万人被催债，89人在被催收后自杀。犯罪团伙获利逾28亿元，抓获犯罪嫌疑人253人，查封涉嫌非法放贷的App和网站1317个。那么，"套路贷"为什么会有如此大的危害呢？让我们走进深陷"套路贷"的受害人，认清"套路贷"的真面目吧！

阿强是杭州的服装生意人，小美是23岁的在校大学生，建国是工地上的蓝领工人……由于资金周转、爱慕虚荣、家人患重病等原因，他们从街边小卡片、学长、互联网广告等渠道，联系上了所谓的小额贷款公司。"无抵押、无担保、放款快"，贷款公司的广告宣传相当诱人，但是利息滚雪球式增长的速度更为吓人。阿强回忆那一段经历仍然心有余悸："借了3万元贷款，但合同上写明的金额是8万元，10天利息8000元，逾期每天违约金为20%。"几天之后，阿强的欠款金额就涨到了十几万元，更麻烦的是催债电话开始频繁骚扰阿强及其家人和同事，甚至将殡仪车停到他家门口。无奈之下，阿强走上了"以贷还贷"之路：他先后借款20多次，试图去偿还之前累积的本金和利息，然而雪球越滚越大，他最终欠下了800多万元债务……背负着巨大的债务负担和精神压力，阿强在绝望中给父母留下了遗书……

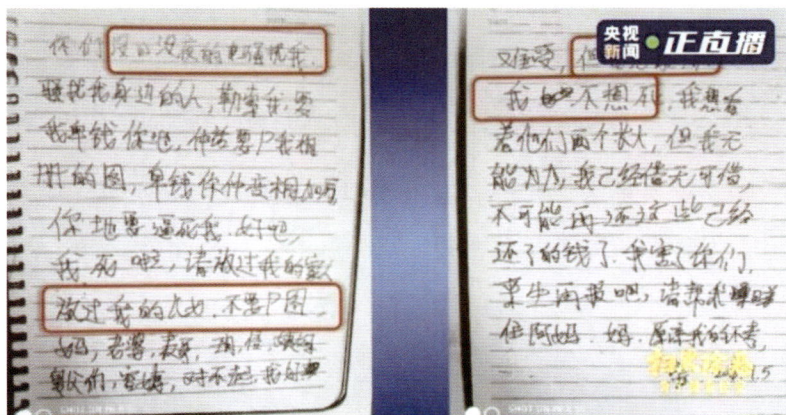

小贴士

"套路贷"不要碰，理性消费很重要

"套路贷"，是以非法占有为目的，假借民间借贷之名，诱使或迫使被害人签订"借贷"或变相"借贷""抵押""担保"等相关协议，通过虚增借贷金额、恶意制造违约、肆意认定违约、毁匿还款证据等方式形成虚假债权债务，并借助诉讼、仲裁、公证或者采用暴力、威胁以及其他手段非法占有被害人财物的相关违法犯罪活动的概括性称谓。一项调查发现："套路贷"受害者的共同点是消费习惯不好，对自己的财务状况没有一个规划，花了不该花的钱，做了能力之外的事情。"如果不是着急用钱，谁会去借'套路贷'？"一位"90后"受害者直言。这让"套路贷"平台在设置借款条款时变本加厉，也让原本就脆弱的受害者不堪一击。那种来自还款和催收的压力，把人扭曲成了一根紧绷的弦，稍不留意，就会断掉。因此，年轻人一定要养成量入为出的消费习惯，适度超前消费时要选择正规金融机构的消费信贷产品，如银行的信用卡等。

扩展阅读

根据2020年8月最高人民法院发布的《最高人民法院关于修改〈关于审理民间借贷案件适用法律若干问题的规定〉的决定》，宣布以一年期贷款市场报价利率（LPR）的四倍为标准确定民间借贷利率的司法保护上限，取代原"以24%和36%为基准的两线三区"的规定，大幅度降低民间借贷利率的司法保护上限。以2020年7月20日发布的一年期贷款市场报价利率3.85%的4倍计算，民间借贷利率的司法保护上限为15.4%，相较于过去的24%和36%有较大幅度的下降。

探究与思考

- 民间金融有哪些风险？我们应该如何防范？
- 如果非法集资让我们产生了财产损失，如何处理？

第 5 章
新型金融，网络不是法外之地

身边的故事

知名艺人A某，拥有微博和抖音粉丝250余万名。新冠肺炎疫情暴发后，不法分子盗用A某的视频及照片，在某网络平台仿冒A某的官方账号，通过20天的视频发布及粉丝互动，初步积累了约9.5万粉丝。2020年2月17日上午，不法分子假借武汉疫情捐款为噱头组建交流群，召集粉丝从某网络平台转至群内联络，并采取赞赏码收款形式募集粉丝捐款资金，成功收款后直接退群失联。2月18日，A某所在的文化传媒公司发布声明，称有不法分子假借旗下知名艺人A某的名义募集捐款。在支付平台的配合下，当地公安机关于2月20日将该案的犯罪嫌疑人抓获。

此事件中，不法分子在疫情暴发短时间内即注册了仿冒账号，通过公开平台逐步获取网友信任后，转移到相对封闭的社交群线上收款，全过程组织计划性强、诈骗隐蔽性高，利用

公众参与慈善公益的热情和对知名人士的信任降低其对支付安全的警惕性，涉及面广、影响恶劣、性质严重，已涉嫌犯罪。[①]

思 考 题

> 遇到"熟人"发起的线上收款如何辨别真伪？
> 如何在享受线上金融服务便捷性的同时保护支付安全？

一、网络支付有"李鬼"，码上真伪要辨清

随着智能手机的普及和移动通信技术的发展，网络支付开始渗透到我们生活的方方面面，购物、乘车、就医……日常生活中，人们可以不带钱包，手机却通常必不可少。以前，手机丢了，丢的只是一部手机；如今，手机丢了，丢的可能还有你的电子钱包、网络账户。网络支付这把"双刃剑"在给我们带来便捷的同时也存在安全隐患，要利用好这把"双刃剑"，需要像守护您的钱包一样，守护好自己的网络支付安全。

（一）网络支付这样更安全

人们在生活中使用现金的频率越来越低，扫码支付、人脸支付、"碰一碰"的NFC支付，为我们提供了更加高效、便捷、多样的收付款方式。然而，人们在享受这种便利的同时，往往也会产生疑虑，哪种支付方式更安全？怎样支付更有保障？本部分将通过几个小案例，为大家解答这些问题。

---

① 资料来源：中国互联网金融协会网站"投资者教育"专栏文章《假借明星身份诈骗案》，详见网址http://www.nifa.org.cn/nifa/2955704/2955770/2989161/index.html。

🌸 小案例：收款码遭"偷梁换柱"[①]

2020年9月至10月，杨某先后流窜到茂名市多个市场、圩镇等地，趁商家不备的情况下，将其个人使用的微信收款二维码覆盖在商家的微信收款二维码上。当顾客扫码支付的时候，支付款直接转入杨某使用的微信，以此盗窃商家货款。杨某通过上述方式分别盗取商家罗某180元、卢某180元、吴某300元、陈某150元、潘某1200元，共计人民币1830元。2020年10月16日，杨某采取同样的方式再次盗窃潘某、陈某货款时被民警抓获。民警抓获杨某时，从杨某处发现并扣押了其用于作案的微信收款二维码30张。法院审判认为，因多次盗窃他人财物等，杨某的行为已构成盗窃罪。

此案中支付码"偷梁换柱"盗窃的时效性其实很短，每户顶多能骗一两次就会被商家发现，但犯罪分子通常会批量作案、广撒网，利用部分商户麻痹大意和小额高频场景支付人群广、难鉴别的特点，达到非法获取他人钱财的目的。

小 贴 士

这种纸质打印的收款码属于静态码，使用成本低，但安全性也较低。为避免这种情况发生，建议顾客在扫描静态码付款时，一定要与商家确认显示在自己手机上的收款账户名称是否准确。商家也应尽量使用更为安全的动态码收款，即扫描客户的动态付款码；如需使用静态收款码，则应确保二维码的制作和摆放安全，定期检查二维码贴纸或者台牌，防止被粘贴上假二维码，并使用专用手机等设备收款，将收款专用设备存放在收银处，并开通到账语音提示功能，以保证收银员能及时确认每笔交易的到账通知信息。

---

① 资料来源：腾讯网"以案说法"栏目"收款码上'偷梁换柱'，这名男子获刑十一个月"，详见网址https://new.qq.com/omn/20210226/20210226A0BIYH00.html。

🌼 小案例：付款当心"第三只眼"①

2019年4月21日，家住江北区的施女士慌忙赶到派出所报警，称在某超市付款的时候，微信里面的钱被莫名其妙转走900元，收款方是一个名为"一站式24小时便利店"的账户，事后才发现，该账户根本不是超市收款账户。

接到报警后，民警立即进行了案件调查，通过视频监控发现，施女士在超市收银台排队付款时，身后突然出现一名穿白色T恤的陌生男子，用手机远远扫了一下施女士的微信付款码，随后男子转身消失在人群当中，全部过程仅十几秒。民警据此判断，该男子有重大作案嫌疑。

在之后的4月23日、4月29日和5月4日，观音桥商业区派出所陆续接到杨先生、覃女士、张女士的报警，均称其在超市付款时微信二维码被盗刷，扣款方都是名为"一站式24小时便利店"的账户。

民警根据多次受害人的报警以及梳理视频监控获得的信息资料，锁定嫌疑人彭某，并立即进行布控，于5月13日，在渝北某住宅小区将涉嫌盗窃的嫌疑人彭某抓获。

据了解，嫌疑人彭某通过一款App注册成商户后，会事先在超市收银台附近溜达，寻找提前拿出付款二维码、等待付款的作案目标。站在受害人身后用该款App扫描受害人的付款二维码，扫描成功后就能成功将受害人的钱转走。

---

① 资料来源：百家号"央视网新闻"，详见网址https://baijiahao.baidu.com/s?id=1634768486544236450&wfr=spider&for=pc。

小 贴 士

　　在人群密集处付款时，尽量不要提前打开自己的付款码，由于多数网络支付App有1000元以下免密支付规则，提前打开的付款码容易被盗刷；确有需要提前打开的，用手、物品等遮挡二维码，注意警惕周围环境，不向收银员以外的任何人展示付款码。

扩展阅读

"你扫我" 还是 "我扫你"

　　常见的扫码支付方式有两类：一是用户向商家展示付款码（二维码或条形码），商家使用扫码枪或摄像头扫描用户的支付码，即可完成支付交易，对于付款方而言，这种方式就是"你扫我"；二是用户使用网络支付App扫描商家提供的收款码（二维码或条形码），主动输入金额、支付密码等信息后，完成支付交易，对付款方而言，这种方式是"我扫你"。

　　比较两种方式，"你扫我"的安全性一般更高。"你扫我"这种付款方被动的扫码方式，使用的付款码通常是动态码，即用户向商家所展示的二维码或条形码通常每分钟会自动更新，且在完成一次支付后失效，能够在一定程度上避免付款码被盗用以及重复支付的情况；而在"我扫你"的主动扫码方式中，商家提供的收款码通常是静态码，商家生成收款码后印制出来，可反复使用，存在收款码被变造、更改等隐患。因此，2017年出台的《条码支付业务规范（试行）》规定："使用静态条码的，同一客户单个银行账户或所有支付账户单日累计交易金额应不超过500元。"

尽管相对于静态码，使用动态码支付更安全，但这也并不意味着"你扫我"没有安全隐患。为提高支付的便捷性，多数网络支付App的"你扫我"付款方式，在金额不高于1000元时无须输入支付密码，那么，如果出现手机丢失、网络支付账户被盗等情况，小额盗刷隐患同样是存在的。因此，建议大家在打开付款码时注意观察周围环境，不要向除收银员以外的其他任何人展示付款码，同时还应给支付宝等网络支付App设置应用锁，或给微信等附带支付功能App的钱包功能单独加密，在使用网络支付功能时，避免接入免费的公共WiFi，尽可能降低潜在支付风险。

（二）筑牢网络账户安全防线

个人网络支付账户与传统银行账户的安全认证和管理方式存在一定差异。为了提高便捷性，个人网络支付账户凭身份证、银行卡号、短信验证码、人脸识别等信息就能快速绑卡、一键注册，"信息"代替"真人"成为识别认证依据。而且，用户在银行账户安全管理方面通常较为被动，个人可操作和选择的余地较小，而网络支付账户的安全管理方式则更为灵活主动，通常需要用户自己动手设置和调整相关功能。那么，如何保障自己的网络支付账户安全？遭遇风险时如何维护自身安全权益呢？

🌻 **小案例：从不使用网络支付却遭盗刷**[①]

腾某在某银行开立有个人银行结算账户，银行向其发放借记卡一

---

① 资料来源：国家法官学院案例开发研究中心.中国法院2019年度案例：金融纠纷[M].北京：中国法治出版社，2019：4-8.

张，该账户设置了交易密码，预留了个人使用的手机号码，并开通账户余额变动短信提醒业务，但并未开通任何关联网络支付账户的快捷支付功能。然而，腾某在银行办理业务时，发现账户资金异常，经查询，腾某的账户在"易宝支付""网银在线""中国移动支付""飞天诚信""年年卡""财付通"等第三方网络支付平台，通过快捷支付方式消费15笔，合计20951元。

从未注册过网络支付账户，也没有开通银行账户快捷支付，该账户却在网络支付平台频繁交易。针对此情况，腾某当即前往当地派出所报案，但案件至今尚未侦破。其后，腾某收到"财付通"交易平台消费的两笔退款合计3990元。同时，腾某对开户行发起民事诉讼。法院审理认为，腾某及时报警并进行了初步举证，而银行方面作为合同相对人，无法对开通快捷支付的时间、身份验证等充分举证，因此认定该行违反安全保障义务，应对腾某的损失承担责任，扣除腾某已获得的退款，银行应向其支付损失合计16961元。

小贴士

保持银行绑定的手机联系方式畅通，更换手机号码后应及时到银行办理变更手续；及时关注银行账户变动信息，选用短信等账户余额变动提醒方式；如遇账户余额不明变动，应及时联系金融机构官方客服或到网点进行确认；妥善保留相关证据，并向公安机关报案，积极举证，维护自身合法权利。

第三方网络支付平台盗刷案件的责任认定

1. 商业银行在电子资金转移和支付环节已尽到身份识别义务和安全保障义务，当事人对被盗刷存在过错的，应自行承担责任。

2. 他人通过网上银行、第三方网络支付平台账号和密码完成交易致使持卡人受到损失，而持卡人没有证据证明发卡人对密码的泄露存在不当行为的，持卡人应当自行承担被盗刷损失。

3. 银行卡绑定第三方网络支付平台被盗刷，持卡人与发卡行在履行合同中都存在过错的，均应承担相应责任。

4. 被盗刷款项均系通过持卡人自行设立的支付密码予以支付，持卡人主张发卡行未及时进行信息提示存在过错并要求承担赔偿责任的，法院不予支持。

5. 当事人通过第三方网络支付平台进行交易过程中，因自身原因受人欺骗造成损失，平台尽到形式审查、确保支付安全义务的，不承担赔偿责任。

如何保障网络支付账户安全

1. 线上交易前注意确认网址是否正确，线下交易注意确认账户名称是否正确，避免在钓鱼网站或向假冒账户进行款项支付。

2. 完成交易后，及时退出网址或账号，避免发生后续风险交易。

3. 避免使用公用WiFi进行网络支付。

4. 不要扫描来源不明的二维码，或登录不明网站，避免手机或电脑被不法分子植入木马病毒。

5. 网络办理退款、退货时，应认清官方渠道，切勿轻信不明身份电话、网络聊天工具或其他形式提供的不明网络链接。

6. 发现网络支付账户被盗刷，应立即致电官方客服电话，报告交易异常情况并及时冻结账户。

7. 发现网络支付账户被盗刷，应立即向当地公安部门报案，积极配合公安机关开展调查，联系网络支付平台和关联银行卡发卡行，办理异议交易申请及相关手续。

8. 发现网络支付账户被盗刷，应及时修改网络支付账户用户名和密码，如其他交易账户与被盗用账户设置的密码相同，也应及时修改。

探究与思考

❯ 如果在第三方网络支付平台被盗刷，应当如何处理？

❯ 我们应该怎样确保自己的网络支付账户安全呢？

二、网络借贷有套路，合法权益要维护

网络借贷通常是民间小额借贷与互联网结合的产物，其特点是应用 P2P、大数据等技术，匹配小型投资者（贷款人）和小额借款人的资金供需，或为小额借款人提供大数据征信结果，帮助其获得消费金融公司、小额贷款公司等的贷款资金。因此，网络借贷通常不需要抵押担保，申请流程全部线上完成，选择种类多、操作简单高效，开始逐渐成为不少人借贷活动的优先选择。然而，自网络借贷出现起，平台爆雷、诱导消费、暴力催收、非法集资等乱象不断，网络借贷的哪些行为属于违法行为？如何正确安全地使用网络借贷工具？本部分将主要介绍这些问题。

（一）花式网贷合规更重要

网络借贷的种类和形式丰富，其发展经历了网络小额借贷、P2P网络借贷、互联网消费借贷等多种类型，合规经营的网络借贷是促进普惠金融发展的重要手段，是小型投融资者进行直接融资的重要渠道。然而，"创业贷""租金贷""医美贷""培训贷"等形式多样的网络借贷活动，因网贷平台良莠不齐、鱼龙混杂，极易成为诈骗、非法集资等违法行为的"马甲"。如何识别违法行为、维护自身权益？这将是本节内容的重点。

🌻 **小案例：只想租个房却莫名其妙背上了网贷**[①]

张女士和男友李先生在北京朝阳区某小区租了一间次卧，在签订

---

① 资料来源：百家号"河北网警巡查执法"，详见网址https://baijiahao.baidu.com/s?id=1609035039949313698&wfr=spider&for=pc。

房屋租赁合同时，中介公司的工作人员声称，这套房屋可以"押一付一"，并主动向李先生推荐了一款金融App，便于交房租，实际上该工作人员利用这款App骗李先生办理了分期贷款业务。

"押一付一"的房租交付方式给租客带来的经济负担相对较小，近年来尤其受到欢迎，但一些黑心中介为了能够及时套现剩余房租，先以"押一付一"的条件吸引租客，但实际上"押一付一"以外的应付押金和房租是通过网络贷款支付，黑心中介随后在签订合同时隐瞒或找借口敷衍关于贷款的业务，租客在不知情的情况下背上了网贷，如果未能及时向平台还款，将会影响租客个人信用和征信。

小 贴 士

中介在租客不知情的情况下签约捆绑"网贷"，已涉嫌构成诈骗犯罪。租客在签约时要仔细阅读合同条款，谨慎选择房租分期平台，看清合同约定的利息以及违约条款，与中介和相关平台交涉时，要注意保存聊天记录或录音，为必要的维权诉讼保留证据。

🌼 小案例：想学英语却不小心陷入网贷陷阱[①]

王同学在网上看到英语培训广告，于是咨询了几家机构。在某英语教育机构销售人员的反复推销下，王同学订制了23999元的两年强化私教课。报名时，销售顾问称可分期缴费，但并未明确其贷款性质，对于贷款限制性条款及其风险也只字不提。王同学在销售顾问的指导下填写了一些表格，几个月后才惊讶地发现，所谓"分期付款"，其实是某平台

---

① 资料来源：百家号"人民日报"，详见网址https://baijiahao.baidu.com/s?id=1641282974291276804&wfr=spider&for=pc。

提供的网络贷款，每月需定期还款且金额较大。王同学多次提出退款，销售顾问始终以各种理由拖延拒绝。王同学提供的某平台还款记录显示，他已连续还款9期，待还款本金总额仍有12499.39元。

这类网贷陷阱是新型"套路贷"中的"培训贷"，一些培训机构号称以"教育分期"方式帮助学员减轻支付压力，但实际上诱导学员在不知情的情况下办理了网络贷款。在某专门进行网络投诉的平台上，与该教育机构退款相关的投诉帖有几百条，不少投诉者称，销售人员在劝说其"分期付款"时，并不会告知是网络贷款，也不会严格审核申请者的资质和还款能力，贷款逾期会产生高额罚息以及逾期管理费等各类费用，个人征信记录也会受到影响，长时间逾期或故意不还超过一定数额后，甚至有可能构成犯罪。

而相对于办理时的高效，退款却没那么快捷，贷款者不得不继续每月还款。对此，网络贷款平台称，作为资金提供方，他们无法单方面直接终止贷款，贷款者需要与作为商家的教育机构达成一致才能办理，而实际情况是，即使消费者与培训机构签订的协议上注明"自协议日起30

天内，无须任何理由，中心将全额退款"，符合这一条件的消费者却很难真正成功退款，而是会被销售顾问以各种理由拖延拒绝。即便是成功解除了教育机构的培训合同，如没有相关证据证明办理贷款时不知情，那么与借贷机构签订的贷款合同依然是合法有效的，仍需要依约按期偿还贷款本息。

小贴士

　　"培训贷"这类新型"套路贷"通常会涉及教育机构、网贷平台等多个主体，陷入"培训贷"骗局的受害者通常面临着多方维权举证难题。因此，建议广大学子：（1）保持头脑清醒，不轻信天花乱坠的宣传，对社会培训机构的资质和培训内容要进行深入了解和确认。（2）在签订相关合同时，要仔细阅读相关条款内容，弄清楚实际资费标准，不要盲目信任"熟人"、不要在未"吃透"合同条款的情况下轻易签字。（3）要明晰个人经济活动中的法律关系和法律后果，注意留存相关凭据，当合法权益遭受损害时，第一时间报警，学会用法律武器保护自己。

扩展阅读

什么是"套路贷"，如何避免"套路贷"？

　　"套路贷"往往以各种优惠或福利条件将受害者诱入圈套，以"服务费""手续费""行业规矩"等借口欺骗借款人签署阴阳合同、虚高借款合同，制造到账流水清单，使用各种理由认定借款人单方违约并强令偿还虚高借款，以达到侵吞借款人及其近亲属财产目的的非法行为。要避免被"套路贷"，应注意以下事项。

（1）签订任何合同，尤其是借款合同时，一定要看清楚合同条款后才能签字，不能签空白合同，且签字后必须给自己留一份合同。

（2）如需借款，要选择正规、有资质的机构进行借款，如银行、支付宝等网络借款平台。切勿轻易相信个人或者组织的小额贷款公司，特别是声称"无抵押""无担保""不需要征信""低利息""快速放款"的贷款公司。

（3）如果遇到"套路贷"行为人暴力催债，甚至威胁借款者人身安全时，应第一时间报案，寻求法律帮助。

（二）警惕网贷诱导超前消费

贷款是一种支付利息的超前消费行为，然而很多网贷的平台机制对借贷用户的审核并不严格，甚至以"零利息""零抵押"等噱头，吸引那些收入并不高，消费观念不健全的青年人去"提前消费"，导致他们提前透支与赚钱能力不相匹配的资金，如为满足自己的虚荣心去购买奢侈产品。这样的过度消费不仅容易"上瘾"，而且容易造成恶性循环，雪球越滚越大，最终使年轻人不堪重负。

🌼 **小案例：网贷平台诱导过度消费**[①]

每月工资仅五六千元，却要还款27000多元，26岁的小吴在11家网贷平台欠下近25万元债务。小吴第一次尝到网贷"甜头"是在上大学期间。因为追星、交女朋友，小吴的开销很大，而当时家里每月给他的生

---

① 资料来源：百家号"新华社"，详见网址https://baijiahao.baidu.com/s?id=169248645622
1341014&wfr=spider&for=pc。

活费只有800元。他在分期乐网贷平台顺利地借到1000元，解了燃眉之急。此后，小吴便深陷其中，借款金额越来越高，还款也开始力不从心。"申请网贷太容易了，上传身份证、通讯录就行，即便有欠款，也不影响去其他平台继续借，除非资金链完全断了。"小吴说。

与传统金融产品相比，网贷产品的最大特点就是门槛极低、审核简单，年满18周岁、通过实名验证即可，额度则是花得多给得多，且不断提供优惠进行诱惑。"开通网贷有红包""使用网贷支付有优惠"……每到"双11""6·18"等促销日，平台就会自动给用户临时提高贷款额度。尤为值得注意的是网络平台的算法跟踪。不少互联网平台可以采用大数据技术，监测分析用户在网上留下的搜索、消费、浏览记录等，有针对性地对用户进行商业营销。

小贴士

2020年底，银保监会发布《关于警惕网络平台诱导过度借贷的风险提示》。对此，中国银保监会消费者权益保护局发布2020年第六期风险提示，提醒广大消费者：（1）理性消费，量入为出；（2）合理使用借贷产品，切勿"以贷养贷""多头借贷"；（3）选择正规机构、正规渠道借贷。

网络借贷如何保护自身权益

扩展阅读

资金安全和消费者权益保护问题是网络借贷的核心，从当前存在的问题和风险点来看，主要有：借贷双方、平台、资金托管方的信息授权和互验机制不完善；平台信息保护能力参差不齐；平台信息披露不全面，借款者的知情权与选择权保护不足；等等。

针对这些风险问题，除了相关部门应明确监管责任、加强合规管理外，参与网络借贷活动的消费者也应做到以下几点。

1．形成对借贷行为及相关风险的正确认知。一方面应合理评估自身风险偏好和承受能力，另一方面也需要对自身的借贷行为负责，谨慎作出选择。

2．增强个人信息保护意识。信息化时代仅靠金融机构、网贷平台加强信息安全管理是不够的，金融消费者也要提高信息保护意识、防患于未然。

3．加强金融知识学习。消费者应加强对金融知识、法律法规的了解，对行业发展、平台运营情况要多听、多看、多研究。

4．培养良好的财务计划和资产配置习惯。根据自己的情况量力消费，选择适合的理财方式，是保护自身权益不受损害的长远举措。

三、线上投资变传销，理财投资要合法

线上投资为普通人的理财活动提供了丰富的渠道和产品选择，各大理财App、公众号层出不穷。线上渠道的高效便捷，改变了人们以往的传

统理财方式，一经推出迅速受到广大投资者的支持拥护。新型诈骗手段也随之而来，应如何安全购买线上理财产品呢？

（一）谨防网络投资陷阱

2013年，阿里巴巴集团推出余额宝服务，上线仅6天用户数量即突破100万户，日均净申购额逾五六千万元，火爆程度震惊市场。互联网理财的兴起体现出我国普通小额投资者的理财需求旺盛而渠道匮乏的状况。然而，余额宝成功后，效仿者竞相而出，越来越多的交易平台通过各种方式吸引人们投资，一些平台甚至承诺只要投资就能稳赚不赔。那么，这种投资真的靠谱吗？对此，大家要牢记，天上不会掉馅饼，投资是风险与收益并存的，千万要警惕投资理财诈骗！

🌸 **小案例：警惕线上投资变网络传销陷阱**[①]

近日，开阳法院依法审结两起组织、领导传销活动罪案件，该两起案件利用网络投资App吸收传销参与人员100余人，涉案金额近450万元。被告人井某某与被告人聂某某作为传销组织上下线，分别被判处有期徒刑六年与五年，并处罚金；对被告人井某某利用投资款购买的保时捷越野车一辆予以没收，上缴国库。

案情一

2019年3月，"易折乐购"（后更名为"拉菲国际"）网络投资平台成立后，被告人井某某对外宣传称该平台为青岛某生物科技有限公司的网络投资平台，实际是以拉人头的方式，要求参加者投入资金购买价格虚高商品并获得返利，同时以直接或间接发展人员的数量作为返利依据

---

① 资料来源：百家号"天眼新闻"，详见网址https://baijiahao.baidu.com/s?id=16803391252 46892419&wfr=spider&for=pc。

的传销平台。井某某的下线聂某某（已判刑）、夏某加入该平台后，通过二人直接或间接发展下线会员112人且层级已达三级以上，共收取投资资金448.7138万元。被告人井某某利用收取的投资款购买保时捷越野车一辆。

案情二

2019年3月，被告人聂某某加入"易折乐购"投资平台，成为该平台会员后，利用微信群、朋友圈对外宣传"易折乐购"（"拉菲国际"）的消费返利模式，直接或间接发展下线会员108人且层级已达三级以上，成为该平台的省级代理，直接或者间接收取参与人员资金326.0938万元。

被告人井某某、聂某某的行为已构成组织、领导传销活动罪。归案后，二被告人均能如实供述自己的犯罪事实，认罪认罚，并签署了认罪认罚具结书。在看守所羁押期间，井某某成功制止了一起安全事故。综合二被告人的犯罪性质、情节以及对社会的危害程度，依法作出上述判决。

小贴士

随着手机软件不断升级换代，各类投资App层出不穷，信息纷繁杂乱，传销也悄然从线下搬到线上，广大网民在使用App时难以识别真伪。在暴利的引诱下，越来越多的网民参与其中，不仅给参与者造成严重的财产损失，还严重扰乱了社会经济秩序及社会治安秩序，甚至危害国家安全和社会稳定。广大网民在进行网络投资时，切记多方核实其真实性，不轻信投资发财的广告，更勿指望传销致富。致富还需勤中求索，莫信传销暴富神话。

如何防止线上投资被骗

1. 不加投资"QQ群"

为了能更快地获取投资收益，很多投资者会加入各种投资理财的"QQ群"，这些"QQ群"里不乏一些骗子。这些骗子会根据平时培训所获得的"专业技能"，一步步设套让投资者掉入陷阱。

2. "投资小、回报快"是诱饵

此前，大部分金融诈骗都是以"高收益"来蛊惑投资者的，"高收益"有时还对应着"高门槛"，很多投资者没那么多钱，而"投资小"就能直接解决这个问题。投资者一旦相信这个骗局，诈骗者就会让投资者先尝到点"甜头"，

国际××平台
投资小　回报快

等投资者投入更多的钱，就开始制造亏空假象，使投资者掉入"越亏越投、越投越亏"的陷阱中。

3. 勿信"盈利截图""内部消息"

和"投资小、回报快"一样，所谓的"盈利截图""内部消息"等同样是用来吸引投资者的诱饵。一些诈骗团伙会宣传和国内大型机构合作，能获得"内部消息"。同时，还把"盈利截图"及各种"资质证书"发给投资者看，打破投资者最后的心理防线。但实际上，这些东西用修图软件是可以伪造出来的，根本不可信。

4．谨防"国际"交易平台

诈骗团伙通常会对一些真实存在的国际金融交易平台进行山寨，并将真实投资平台名字和山寨的网址发消息给投资者。即便投资者去查该平台，也会发现该平台确实是存在的，这就信了一半。再加上网站上都是英文，普通投资者根本无法察觉出不同，就全信了。所以，看到这些国外的交易平台，最好的方法就是不去进行投资。

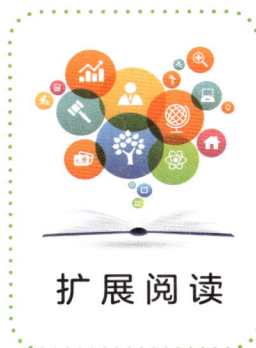

扩展阅读

网络理财被诈骗，该怎么处理？

1．保持冷静、确定损失

当遭遇了网络诈骗，我们需要尽量保持冷静，切莫慌张。首先，我们要确定自己的损失，如钱财、物品等，可以的话，列出损失清单，供报案所用。

2．尽快报警、防止二次受骗

确定损失之后，我们必须尽快报警，切不可再联系网络诈骗者，防止二次受骗。

3．想尽办法、尽快止损

报警之后，我们可想办法进行止损，如尽快联系银行或快递公司等。若为网银诈骗，且有诈骗者开户行及账号等信息的话，可立即登录对方开户行的网银和电话银行，输入对方的账号后，故意输错三次登录密码，这样对方的网银转账跟电话银行转账功能就会被暂时冻结一段时间。

4．搜集证据、妥善保存

网络诈骗者一般都是通过媒介与被害人接触联系，如QQ、手机短信、电子邮件和网络游戏等。首先，受害者要保存所有证据，如交易记录（最好有银行的交易记录），还有网络聊天记录与对方的联系方式。

5. 选择正确的报案地点

被骗人可以向案发地、诈骗行为实施地、诈骗结果发生地、嫌疑人住所地报案。如若你清楚犯罪嫌疑人在哪，也可以去其所在地报案，两地警方任何一方接到报案后均应受理(受理并非立案)。

6. 如实反映案件情况

有的受害人因受到网络诈骗而感到后悔和羞愧不去报案，或者即使报案，也对案件事实有所隐瞒，这将会给公安机关破案增加难度。为了尽快抓住犯罪嫌疑人、挽回损失，请在报案后，向办案民警如实反映案件情况。

（二）守好网络理财合规底线

随着互联网金融业务的不断发展，越来越多的金融机构开始在网上开展理财服务，传统的股票、基金、保险、债券服务的购买和交易都已经可以在网上进行，新型的理财产品出现在网络上，人们可以通过网络进行虚拟贵金属买卖、期货买卖、网络借贷等。面对这种情况，互联网金融应严守合法合规底线、筑牢发展之基。

🌻 小案例：金融"直播带货"火热，风险防范意识不减[①]

2020年堪称直播带货年，直播的热潮也吹到了金融行业，在支付宝、京东金融、天天基金网等平台上，基金经理、分析师、理财经理们

[①] 资料来源：百家号"新京报"，详见网址 https://baijiahao.baidu.com/s?id=1684842815502437524&wfr=spider&for=pc。

纷纷变身金融界的"李佳琦"和"薇娅"，在屏幕上与投资者们见面，其中以基金公司最为活跃。例如，鹏华基金自2019年底即开始尝试直播，已内部直播近200场，同时通过外部直播平台如新浪财经等直播近60场。支付宝理财频道设立了专门的直播广场，仅一天的直播数量就超过30场，其中热门话题或较为头部的基金公司，一场直播的观看量可超过30万次。天天基金网也设置了直播间，以公募基金为主，单日直播数在10场以下，每场直播的观看量在几万次到十几万次不等，热度较高的直播可达到40万次甚至更高。

银行也在试水直播，直播平台一般仅是自家的手机银行App。例如，工商银行、招商银行等，均在手机App上设置了直播间，介绍理财产品、投资攻略等；另外，因银行也是公募基金代销的传统渠道，一般与基金公司合作直播介绍基金产品。不过，银行的直播间大都不能直接购买产品。

2020年10月28日，中国银保监会发布《关于防范金融直播营销有关风险的提示》，指出金融直播主体混乱，或隐藏诈骗风险，以及存在销售误导风险，并提醒社会公众：应注意甄别金融直播营销广告主体资质，选择正规金融机构和渠道购买金融产品；认真了解金融产品或服务重要信息和风险等级，防范直播营销中可能隐藏的销售误导等风险；树立科学理性的金融投资、消费观念。

金融机构直播热，金融直播带货须风险防范

扩展阅读

1.辨明直播主体资质

目前，大部分直播营销更倾向于发挥流量引导作用，通过直播吸引消费者兴趣后，以提供购买链接或线下引流的方式，促使消费者购买金融产品或服务。消费者如有意购买，应弄清发布营销广告、提供金融产品或服务的主体，注意相应的金融机构、中介机构或人员是否具备从业资质，选择正规金融机构和渠道购买产品。不随意点击不明链接，不在正规金融机构销售渠道以外的页面随意提供个人重要金融信息、身份信息，防范欺诈风险和个人信息泄露风险。

2.看清直播内容

金融营销在直播场景下，容易出现由于直播时间限制或消费者中途观看等原因导致的信息披露不足、消费者信息获取不全等情况。建议理性对待直播营销行为，在购买前充分了解金融产品或服务的重要信息，如借贷产品的息费标准、实际年化利率，保险产品的保险责任、除外责任、缴费要求，理财产品的投资风险等，树立量入为出的消费观，坚持科学理性的投资观。

3.知悉金融消费或投资风险

金融产品与普通商品有所不同，一般需要根据消费者或投资者的风险承受能力进行有针对性的推介，而直播带货模式下金融机构无法有效识别每个人的风险承受能力，也做不到一对一地充分沟通。公众应对此有理性、清醒的认知，不被直播营销所营造的氛围煽动而盲目消费或冲动投资。消费者在了解金融产品或服务的合同内容、息费标准、免责条款、风险等级等重要信息后，应审慎评估自身是否能够承担风险、接受合同条款，并根据自身实际需求和风险承受能力选择适当的金融产品。

探究与思考

◉ 投资者能不能在直播间购买金融产品？

◉ 投资者在直播间购买金融产品如何把控其中的风险？

后　记

　　本书作为"普惠金融知识系列读本"之一，是发展普惠金融的重要材料。按照普惠性、适用性、针对性和前瞻性的原则，本书力求用生动、通俗易懂的语言，介绍与民众日常生活联系紧密的金融安全知识，以增强民众的金融安全意识和风险防范能力。

　　《百姓金融安全小卫士》的基本理念与总体框架由中国金融教育发展基金会提出并设计，由湖北经济学院许传华教授组织专业教师团队编写。本书共5章，具体写作分工依次是：第1章（童藤）、第2章（于寄语）、第3章（陈义国）、第4章（罗鹏）、第5章（王婧）。本书编写过程中参阅了大量国内外相关教材、著作和学术论文、网络优质资源，参考了很多专家学者的观点。本书的出版得到了中国人民银行清算总中心的赞助支持。在此对各单位的大力支持表示由衷的感谢！

　　中国金融出版社的编审人员对本书提出了诸多修改完善意见，为本书增色不少。

　　由于编者水平的限制，本书难免出现缺陷和疏漏之处，恳请广大读者不吝赐教。

中国金融教育发展基金会

2021 年 5 月